JN412186

항공서비스 실무중국어

유창리 | 박진아 | 송운강

지식인

Profile

유창리

중국 웨이팡대학교 한국어과 졸업 후 강원대학교 관광경영학과에서 박사학위를 취득하였으며 국내 다수의 어학원에서 중국어 강사를 역임하였음

박진아

대한항공 객실승무원으로 근무하였으며 강원대학교 관광경영학과에서 박사과정을 수료하였음. 현재 한림성심대학교 겸임교수로 재직 중임

송운강

강원대학교 관광경영학과 교수로 재직 중이며 오랫동안 중국 문화 및 여행에 대한 연구를 수행하고 있음

항공서비스 실무중국어

2019년 2월 20일 초판 1쇄 인쇄
2019년 2월 25일 초판 1쇄 발행

지은이 | 유창리 · 박진아 · 송운강
펴낸이 | 김종욱
펴낸곳 | 지식인
등 록 | 제301-2013-134호
주 소 | 서울시 도봉구 도봉로 180길 20 투웨니퍼스트 102동 602호
전 화 | 02)2266-8606 (대)
팩 스 | 02)2266-8607
E-mail | jisikin2013@naver.com
홈페이지 | www.jisikinbook.co.kr

ISBN 979-11-88105-33-5 (93720)

값 17,000원 (MP3 CD포함)

항공서비스 실무중국어

PREFACE

중국은 한국과의 교류가 가장 활발한 국가 중 하나로, 한국을 방문하는 수많은 중국인 승객을 응대하기 위해 항공사에서 근무하는 혹은 근무를 희망하는 사람들은 중국어에 능통해야 하는 것이 필수조건이 되어가고 있다. 특히 항공사 객실승무원을 꿈꾸는 사람들에게 영어회화가 기본이라면 중국어는 필수선택이라 할 수 있다. 최근 항공사 채용에서 중국어 가능자를 우대하는 채용공고를 종종 볼 수 있는데, 우리나라 항공사에서 중국어를 구사할 수 있는 인재를 높이 평가하고 있음을 보여주는 단적인 사례라 할 수 있다.

본 교재에서는 철저하게 항공사 객실승무원이 실제 기내에서 서비스하는 문장과 단어를 사용하였고, 다른 교재들과는 다르게 비즈니스 클래스와 퍼스트 클래스까지 상위 클래스에서 사용하는 서비스 중국어 대화문을 다루어 항공서비스 종사자들이 모든 클래스에서 근무하면서 중국인 승객을 응대하게 될 때 자연스럽게 중국어 회화를 구사할 수 있도록 만들었다.

또한 타 교재는 중국 항공사에서 제공되는 기내서비스 위주로 구성되어 있지만, 본서는 우리나라 항공사에서 제공하는 기내서비스를 중심으로 구성되어 있다. 한편 기존의 항공 객실 중국어 교재들은 중국어를 어느 정도 습득한 후 교재 내용을 이해할 수 있었지만, 본 교재는 중국어 기초에 대한 학습을 1장과 2장에서 탄탄하게 학습하는 과정을 포함시켜 중국어 기초에 보다 충실하게 구성하였다. 이로 인해 중국어를 처음 접하는 사람들도 쉽게 중국어 회화를 가능하도록 하였다.

본 교재는 총 13장으로 구성하여 한 학기 동안 항공객실 중국어 회화를 효과적으로 학습할 수 있도록 하였다. 게다가 중국 문화와 항공사의 이야기들을 넣어 자칫 지루해질 수 있는 외국어 공부에 흥미와 재미를 추가하였으며, 이는 회화뿐 아니라 관련 지식을 보다 풍부하게 해주는 데에 유익하리라 생각한다.

본서가 출간되기까지 많은 도움이 필요했고, 이런 도움과 힘을 주신 많은 분들께 감사를 드린다. 또한 부족함에도 불구하고 본서의 출간을 위해 노력해주신 지식인에 감사의 인사말씀을 드린다.

2019년 2월
공저자

CONTENTS

항공서비스
실무중국어

CHAPTER

01

기초중국어1
基础中国语1

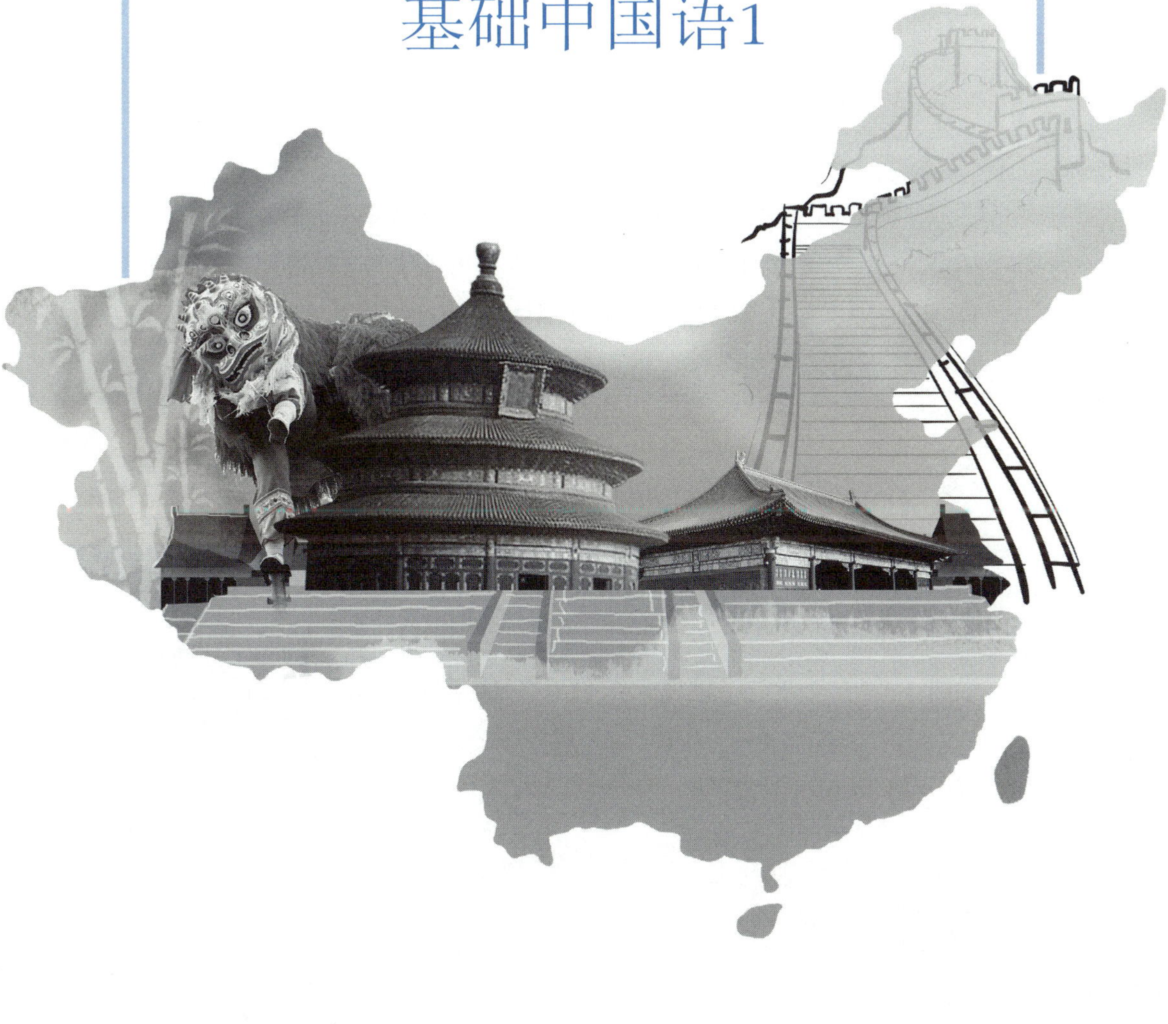

중국어의 개요

1. 보통화(普通话)란?

중국어는 한족(汉族)의 언어라는 뜻의 '한어(汉语)'라는 명칭을 사용한다. 중국은 영토가 넓고 민족이 다양한 만큼 방언의 종류도 매우 많다. 각 지역 방언의 발음과 어휘상 차이가 많아 중국인들조차도 서로 의사소통이 어려운 경우가 종종 있다. 따라서 각 지역 사람들 사이에 의사소통을 위한 도구가 필요한데, 그것이 바로 보통화(普通话)이다.

2. 간체자(简体字)란?

간체자(简体字)는 중국에서 중국어의 표기 수단으로 사용하는 간화된 한자이다. 이는 현재 한국, 대만, 홍콩, 마카오 등지에서 사용하는 한자인 '번체자(繁体字)'의 복잡한 획수를 간단하게 줄여서, 쓰기 편하고 쉽게 외울 수 있도록 고친 글자를 말한다.

3. 한어병음(汉语拼音)이란?

중국어는 뜻글자로 눈으로 보고 의미를 알기에는 편리하지만, 아주 중요한 소리를 나타내지는 못한다. 이에 1958년 중국 정부는 중국어 발음을 보다 쉽게 표기하기 위해 알파벳 로마자 표기법을 제정하였는데, 이를 '한어병음(汉语拼音)'이라고 한다.

간체자	번체자
韩国	韓國

중국어의 발음

1. 중국어 음절

중국어 음절은 기본적으로 성모(声母), 운모(韵母), 성조(声调) 세 가지 요소로 구성되고, 성모는 음절 첫 부분의 자음을 가리키며, 운모는 나머지 부분의 모음을 가리킨다.

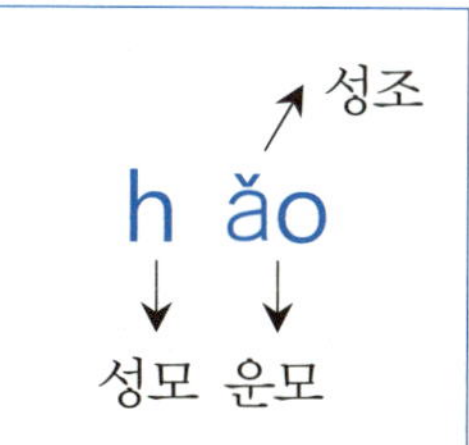

2. 성모(声母)

중국어 성모는 모두 21개가 있고, 발음 부위와 발음 방법에 따라 다음과 같이 분류할 수 있다.

양순음(双唇音)	b	p	m	
순치음(唇齿音)	f			
설첨음(舌尖音)	d	t	n	l
설근음(舌根音)	g	k	h	
설면음(舌面音)	j	q	x	
권설음(卷舌音)	zh	ch	sh	r
설치음(舌齿音)	z	c	s	

3. 운모(韵母)

중국어 운모는 모두 36개가 있고, 발음 부위와 발음 방법에 따라 다음과 같이 분류할 수 있다.

단운모(单韵母)	a	o	e	i	u	ü			
복운모(复韵母)	ai	ei	ao	ou					
비음운모(鼻音韵母)	an	en	ang	eng	ong				
권설운모(卷舌韵母)	er								
결합운모(结合韵母)	ia	ie	iao	iou [iu]	ian	in	iang	ing	iong
	ua	uo	uai	uei [ui]	uan	uen [un]	uang	ueng	
	üe	üan	ün						

4. 성조(声调)

중국어는 같은 음절이라도 음의 높고 낮음에 따라 뜻이 달라지는데, 이 음의 높낮이와 그 변화를 성조라고 한다. 중국어에는 1성, 2성, 3성, 4성이 있다.

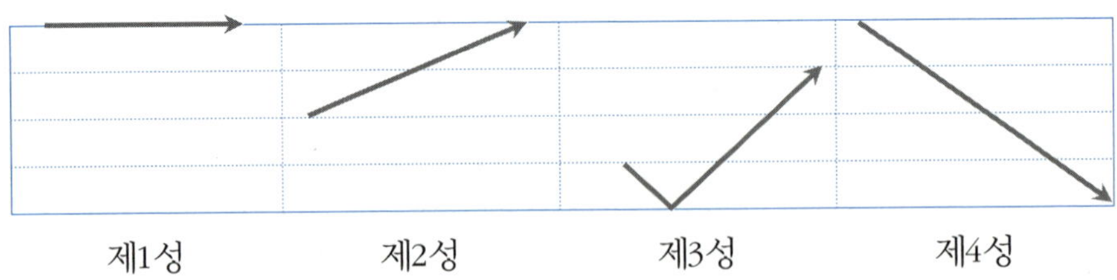

(1) 제1성 : 처음부터 끝까지 높고 길게 끝까지 '솔'의 음높이를 유지한다.

예 mā (妈) bā (八) jiā (家) dōu (都)

(2) 제2성 : 낮은 음에서 높은 음으로 단숨에 빠르게 올라간다.

예 nín (您) máng (忙) nán (难) guó (国)

(3) 제3성 : 중간 음에서 숨을 내쉬며 낮은 음까지 내려갔다가 자연스럽게 살짝 올린다.

예 wǒ (我) nǐ (你) hǎo (好) yǒu (有)

(4) 제4성 : 높은 음에서 아래로 떨어지듯이 빠른 속도로 뚝 떨어뜨린다.

예 bà (爸) lèi (累) qù (去) xiè (谢)

5. 경성(轻声)

경성은 성조가 붙지 않고 짧고 약하게 앞 발음에 덧붙여 발음되는 성조이다. 경성은 앞 음절의 성조에 따라 음높이가 변화한다.

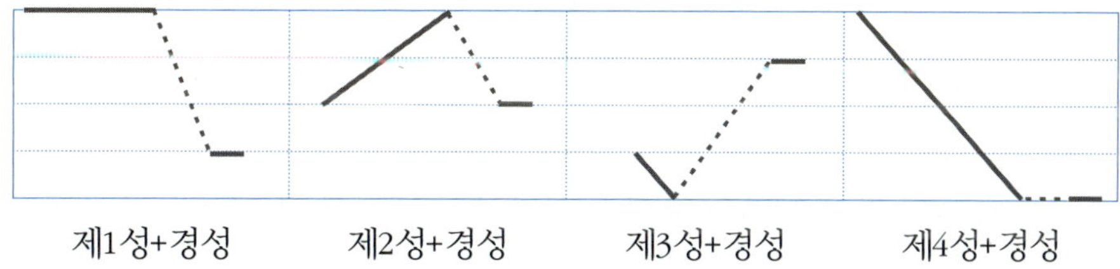

제1성+경성 제2성+경성 제3성+경성 제4성+경성

(1) 제1성+경성

예 mā ma (妈妈) dōng xi (东西)

(2) 제2성+경성

예 míng bai (明白) péng you (朋友)

(3) 제3성+경성

예 wǒ men (我们) xǐ huan (喜欢)

(4) 제4성+경성

예 dì fang (地方) piào liang (漂亮)

6. 성조의 표기법

(1) 성조는 제1성(—), 제2성(/), 제3성(∨), 제4성(\)으로 표기한다.

(2) 성조는 운모 'a, o, e, i, u, ü' 위에 표시하는데, 운모가 2개 이상이면 다음과 같은 순으로 표기한다.

a > o = e > i = u = ü

▸ 'i', 'u'가 함께 나올 경우에는 뒤에 오는 모음에 표기한다.

예 liú shuǐ

▸ 'i' 위에 성조를 표시하는 경우 'i'의 위 점 '˙'을 뺀다.

예 yí dì

(3) 경성은 표기하지 않으나, 사전에서는 모음 위에 점을 찍어 표기한다.

예 bà ba (爸爸) mā ma (妈妈)

(4) a, o, e로 시작하는 음절이 다른 음절 뒤에 바로 연결될 때, 음절의 경계가 모호해져 혼란을 일으키기 쉬우므로, 격음부호로 분리시킨다.

예 xī'ān (西安) wán'ǒu (玩偶) shǒu'ěr (首尔)

7. 성조의 변화

(1) 두 개의 3성 음절이 계속될 때는 앞의 3성을 2성으로 읽는다.

- 3성+3성 → 2성+3성

  예 nǐ hǎo (你好) kě yǐ (可以)

(2) 3성 뒤에 1성, 2성, 4성, 경성이 올 때, 3성을 반3성으로 읽는다.

- 3성+1성 → 반3성+1성

  예 lǎo shī (老师) shǒu jī (手机)

- 3성+2성 → 반3성+2성

  예 kě néng (可能) lǚ xíng (旅行)

- 3성+4성 → 반3성+4성

  예 lǐ wù (礼物) lǚ kè (旅客)

- 3성+경성 → 반3성+경성

  예 wǒ men (我们) xǐ huan (喜欢)

중국에 대하여

1. 중국 국가의 개요

정식국명	중화인민공화국(中华人民共和国)	위치	아시아 동부
수도	북경(베이징) (北京)	면적	9,634,057㎢ 세계 4위(CIA 기준)
언어	중국어(汉语)	기후	습윤, 아열대, 건조기후
민족	한족(汉族) 및 55개의 소수민족	인구	약 1,420,062,022명 세계 1위(2019 통계청 기준)
정치체재	사회주의	종교	도교, 불교, 이슬람교, 기독교, 천주교
행정구역	23개의 성(省), 5개의 자치구(自治区), 4개의 직할시(直辖市), 2개의 특별 행정구(特别行政区)	화폐	인민폐(人民币 RMB)
1인당 GDP	$9,633 세계 70위(2018 IMF 기준)	통화 및 환율	위안(CNY), 1위안 = 163.43원(2019년 1월 기준)
빅맥지수	$3.17(한국 $4.11, 2018년 기준)	시차	GMT +8(한국보다 1시간 느림)
비행시간	인천 → 북경(약 2시간 5분), 인천 → 광저우(약 3시간 30분)	전압	220V, 50Hz를 사용
출입국	비자, 출입국신고서	전화	중국 국가번호 86
성(省)	河北省(하북성), 山西省(산서성), 辽宁省(요녕성), 吉林省(길림성), 黑龙江省(흑룡강성), 江苏省(강소성), 浙江省(절강성), 安徽省(안휘성), 福建省(복건성), 江西省(강서성), 山东省(산동성), 河南省(하남성), 湖北省(호북성), 湖南省(호남성), 广东省(광동성), 海南省(해남성), 四川省(사천성), 贵州省(귀주성), 云南省(운남성), 陕西省(섬서성), 甘肃省(감숙성), 青海省(청해성), 台湾省(대만성)		
자치구(自治区)	内蒙古自治区(내몽골자치구), 广西壮族自治区(광서장족자치구), 西藏自治区(티베트자치구), 宁夏回族自治区(녕하회족자치구), 新疆维吾尔族自治区(신장위구르족자치구)		
직할시(直辖市)	北京市(북경시), 天津市(천진시), 上海市(상해시), 重庆市(충칭시)		
특별행정구(特别行政区)	香港特别行政区(홍콩특별행정구), 澳门特别行政区(마카오특별행정구)		

2. 중국의 4대 명절

(1) 춘절(春节)

우리나라의 구정과 같은 의미의 춘절은 음력 정월 초하루에 지낸다. 중국의 최대 명절로 그 유래는 년(年)이라는 흉악한 동물이 음력 12월 30일에 나타나 가축과 사람을 해치고 잡아먹었다고 한다. 어느 해에 년(年)이 마을에 나타나 나쁜 짓을 하려고 했는데, 아이들이 채찍을 휘두르며 노는 소리에 놀라 도망을 갔다고 한다. 그래서 년(年)은 또 다른 마을에 갔는데 그 마을 어느 집 문앞에 널어놓은 빨간색 옷을 보고 다시 도망을 쳤다고 한다. 세 번째 마을로 간 년(年)은 이번에는 빨간불을 보고 놀라서 달아났다고 한다. 이때부터 사람들은 년(年)이 '큰소리', '빨간색', '불'을 두려워한다는 것을 알게 되어 춘절이 되면 빨간색으로 글자를 써서 대문에 붙이거나 빨간등을 달거나 폭죽을 터트리는 등의 전통을 이어가게 된 것이라고 한다.

(2) 중추절(中秋节)

중추절은 음력 8월 15일로 춘절 다음으로 중요하게 지내는 명절이라 할 수 있다. 우리나라의 추석과 비슷하다고 생각하면 될 것이다. 중추절이 되면 가족들과 모여 월병(月饼, 밀가루와 설탕, 달걀 등을 섞어 만든 피에 견과류 등의 소를 넣은 중국식 떡)을 먹으며 달에게 소원을 비는 전통이 있다. 중추절의 유래는 칠선녀(七仙女)라는 한 선녀가 하늘로 갈 때 남편에게 아들을 맡기고 올라간 것에서 시작되었다. 아들은 엄마가 버린 아이라고 놀림을 받았고, 이 아들이 속상해 울면서 큰 소리로 엄마를 외치자 그 소리가 하늘에 닿아 하늘의 신이 엄마를 만날 수 있게 허락하여 아들이 하늘로 올라 갈 수 있게 되었다고 한다. 다른 선녀 자매들이 칠선녀의 아들이 하늘로 온다는 것을 축하하는 마음으로 달 모양의 떡에 견과류를 넣은 월병(月饼)을 만들어 주었는데, 이것을 들은 옥황황제는 크게 노하여 아들을 하늘에 올라오지 못하게 했다고 한다. 다시 땅으로 내려간 아들은 선녀 자매들이 준 월병(月饼)만을 기억했다고 한다. 후에 칠선녀의 아들은 높은 벼슬에 오르고 백성들에게 매년 음력 8월 15일 월병(月饼)을 만들어 달빛 아래 두게 하여 그것을 통해 가족을 생각하게 하였다고 한다. 그래서 지금까지도 가족이 모여 월병(月饼)을 먹는 풍습이 생겼다.

(3) 단오절(端午节)

음력 5월 5일은 중국의 단오절이다. 단오절에 종자(粽子 : 찹쌀을 댓잎에 세모나게 싸서 찐 것)를 강으로 던지는 풍습이 있는데, 이 유래는 초나라 희왕 때의 신하 중 한 명이었던 굴원(屈原)이 초나라를 위해 충성을 바쳤지만, 다른 신하들의 모함으로 인해 귀향을 간 것에서 전해진다고 한다. 굴원은 귀향을 가서 '이소(离骚)'라는 시를 지어 자신의 억울함을 기록했다고 한다. 또한 초나라의 수도가 함락되자 굴원(屈原)은 멱라강(汨罗江)에 투신자살을 하였고, 이 소식으로 인해 지역 사람들이 굴원(屈原)의 시신을 물고기가 먹을까봐 걱정하여 종자(粽子)를 먹이로 던지며 북과 꽹과리로 물고기를 몰아내며 굴원의 시신을 찾았다고 한다. 이것이 굴원(屈原)에 대한 애도의 표시로서 지금까지 이어지고 있다.

(4) 청명절(清明节)

청명절은 24절기의 다섯 번째가 되는 날로, 양력으로는 4월 4일부터 4월 6일에 해당하는 날이 된다. 춘추시대(春秋時期) 진문공(晋文公)이 박해로 인해 신하들과 다른 나라로 도피를 했는데 19년 동안이나 고생을 했다고 한다. 위나라 경계에서 진문공이 몸을 숨기고 있을 때 식량이 바닥났는데, 이 때 개자추(介子推)라는 신하가 자신의 넓적다리를 베어 진문공에게 올렸다고 한다. 어려운 시간을 극복한 후 진문공이 왕이 되었을 때, 자신과 도피를 함께 했던 개자추를 제외한 신하들에게 벼슬과 상을 분배하였는데, 후에 개자추를 잊었

음에 진문공은 크게 부끄러워했다고 한다. 그리하여 개자추를 찾으려 했으나, 개자추는 진문공이 자신을 잊음에 실망하고 늙은 노모를 모시고 산에 들어갔다고 한다. 개자추를 찾기 위해 진문공은 산에 불을 질렀지만 개자추는 산에서 나오지 않고 어머니와 죽음을 맞이했다고 한다. 그 후로 진문공은 개자추를 잊지 않고 기리기 위해 개자추의 기일에는 차가운 음식만 먹었다고 한다. 이것이 지금까지 이어져 청명절에는 차가운 면이나 전병, 삶은 달걀 등을 먹는다.

3. 중국의 4대 음식

중국은 세계 4위의 면적을 가지고 있는 대국으로, 다양한 자연환경과 기후로 인한 다채로운 식재료를 바탕으로 한 지방 풍미를 느낄 수 있는 음식들이 많다. 또한 중국은 지방마다 음식의 특색이 다른데 크게 네 지역으로 나누어진다. 그 음식들을 살펴보면,

첫째, 산동요리(山东菜)는 중국의 산동성에서 시작된 요리로 북경요리의 원형이 된다고 할 수 있다. 산동요리의 특징은 맛이 강하며 국물이 시원하다. 대표적인 요리로는 북경 오리구이(北京烤鸭)와 쓰시완쯔(四喜丸子)가 있다.

둘째, 남경요리(淮扬菜)는 남경, 항주, 양주, 소주 지역에서 발달한 요리로, 술, 간장, 흑초 등의 양조물이 사용되어 달고 깊은 맛이 나는 것이 특징이라 할 수 있다. 대표적인 요리로는 샤오롱바오, 남경오리요리가 있다.

셋째, 광둥요리(广东菜)는 중국의 동남부에 있는 광둥성과 푸젠성 등에서 먹는 요리를 말하는데, 아열대성 기후와 바다를 접하고 있어 다양한 해산물을 이용한 식재료를 사용하는 것이 특징이라 할 수 있다. 또한 외국과의 활발한 교류로 국제적 감각을 지닌 요리이다. 대표적인 요리로는 딤섬과 광둥식 탕수

육 등이 있다.

넷째, 사천요리(四川菜)는 쓰촨지방의 요리를 말하는데, 이 지역의 기후는 여름이 덥고 습하며 겨울은 기온차가 크다. 이런 기후 탓에 향신료를 많이 사용하여 향이 강하고 매운 것이 특징이라 할 수 있다. 대표적인 요리로는 마파두부와 훠궈(중국식 샤부샤부), 오향우육 등이 있다.

중국은 식사를 할 때 많은 요리를 시켜 같이 먹는 것을 즐긴다. 보통 인원수에 1을 더한 수의 요리를 가짓수로 주문하는데, 중국의 다양한 식재료와 조리방법을 고려하여 겹치지 않게 요리를 주문하면 된다. 또한 원탁 안에 작은 라운드 테이블에 요리를 올려놓고 시계방향으로 돌리면서 서로 나눠 먹는다. 요리를 개인접시에 덜 때에는 개인용 젓가락이 아닌 공용 젓가락으로 음식을 뜨고, 요리가 한 바퀴 돌고 나면 남은 요리는 더 먹어도 무방하다. 요리를 먹을 때에는 주로 젓가락을 쓰며 스푼은 수프를 먹을 때를 제외하고는 잘 사용하지 않는다.

4. 중국의 술 문화

중국은 넓은 대륙으로 인해 술을 마실 때도 지역에 따라 약간의 차이가 있다. 북쪽은 술을 취할 때까지 마시는 편이지만, 남쪽 사람들은 북쪽 사람들에 비해 술을 많이 마시지 않는 편이다. 또한 북쪽은 독한 백주를 선호하지만, 남쪽 지역은 북쪽 지역보다는 순한 술을 주로 마신다. 그래서 '남황북백(南黄北白)'이라는 말이 있다. 건배를 할 때에는 건배(干杯)라고 외치며 잔을 부딪치고 적당히 본인의 주량껏 첫잔을 마신다. 술을 마실 때 우리나라와 다른 점은 첫째, 술잔을 돌리지 않고, 둘째, 술을 스스로 따라 마시고, 셋째, 술을 강요하지 않는 차이가 있다.

1991년 8월 시작된 산동성(山东省) 청도(青岛) 국제맥주축제는 세계 4대 맥주축제 중 하나이다. 독일인 선교사의 살해로 독일이 약 40년간 칭다오를 지배하면서 칭다오는 독일식 건축물과 맥주 제조기술의 영향을 받게 되었고, 이것이 지금의 아시아 최고의 칭다오 맥주축제의 밑거름이 되었다고 할 수 있다.

5. 중국 차(茶) 문화

중국은 차(茶)의 발상지이자 고향이며, 중국인의 차(茶) 문화도 중국의 긴 역사만큼이나 오랜 전통을 가지고 있다. 중국에서 차의 종류는 매우 다양하며 일반적으로 여섯 가지 대표적인 차가 있는데, 차는 브랜드별로, 지역별로, 만드는 방법별로 다양하게 나눌 수 있다. 다음은 차(茶)의 발효 정도에 따라 차(茶)를 순서대로 나열한 것이다.

- 녹차(绿茶, Green Tea) : 발효되지 않은 차(용정차(龙井茶), 벽나춘(碧螺春), 모봉차(毛峰茶) 등)
- 백차(白茶, White Tea) : 미 발효된 차
- 황차(黄茶, Yellow Tea) : 약간 발효된 차
- 청차(清茶[우롱차], Oolong Tea) : 반 발효된 차
- 홍차(红茶, Black Tea) : 발효된 차
- 흑차(黑茶, Dark Tea) : 후 발효된 차(보이차)

중국은 다양한 민족이 살고 있는 만큼 생활풍습도 매우 다르다. 그래서 민족마다 차(茶)를 마시는 습관도, 선호도도 다른데, 예를 들면 북경(北京) 사람들은 화차(花茶)를 선호하지만, 상해(上海) 사람들은 녹차(绿茶)를 좋아하고, 동남쪽 복건성(福建省) 사람들은 홍차(红茶)를 즐긴다. 또한 지역에 따라 차

(茶)를 마실 때 차(茶)뿐만 아니라 차(茶)에 다른 재료를 추가하여 마신다. 예를 들면, 남부의 호남지역은 차(茶)에 생강(生姜)을 넣어 손님을 대접하고, 어떤 지역은 차(茶)를 끓일 때 소금, 생강, 볶은 황두와 깨 등을 넣어 흔들어 마신다. 그래서 적지 않은 지방 사람들은 차(茶)를 "마시다(喝)"라고 표현하는 대신 차를 "먹는다(吃)"고 표현한다. 그만큼 다양한 재료를 차(茶)에 넣어 마시기 때문이다.

중국 사람들은 차(茶)를 마시면서 상대방에 대한 존경의 의미를 품고, 평화를 바라며, 복을 빌고, 장수를 기원하며, 올곧은 마음을 향하는 바램을 내포하는 아름다운 마음을 가진다. 이런 아름다운 차(茶) 문화를 중국인들은 계속 이어가고 있는 것이다.

CHAPTER

02

기초중국어2
基础中国语2

중국어 품사, 문장성분과 기본문형 구조

1. 품 사

중국어의 품사에는 명사, 대명사, 형용사, 조동사, 동사, 부사, 개사, 접속사, 수사, 양사, 조사, 감탄사 등이 있다.

名词	míng cí	명사
代词	dài cí	대명사
形容词	xíng róng cí	형용사
能愿动词	néng yuàn dòng cí	능원동사[조동사]
动词	dòng cí	동사
副词	fù cí	부사
介词	jiè cí	개사[전치사]
连词	lián cí	연사[접속사]
数词	shù cí	수사
量词	liàng cí	양사
助词	zhù cí	조사
叹词	tàn cí	탄사[감탄사]
象声词	xiàng shēng cí	상성사[의성어]

2. 문장성분

중국어의 문장성분에는 주어, 술어, 목적어, 관형어, 부사어, 보어 등이 있다.

主语	zhǔ yǔ	주어
谓语	wèi yǔ	술어
宾语	bīn yǔ	목적어
定语	dìng yǔ	관형어
状语	zhuàng yǔ	부사어
补语	bǔ yǔ	보어
中心语	zhōng xīn yǔ	중심어

3. 기본문형 구조

(1) 형용사술어문

술어의 주요성분이 형용사인 문장을 형용사술어문이라 한다. 형용사술어문의 부정문은 형용사 앞에 부정부사 '不'를 붙이고, 의문문은 형용사 뒤에 의문조사 '吗'를 붙인다.

주어 + 술어

예 A: 你忙吗？

nǐ máng ma?

B: 我很忙。

wǒ hěn máng.

A: 乘客多吗？

chéng kè duō ma?

B: 乘客不多。

chéng kè bù duō.

(2) 동사술어문

술어의 주요성분이 동사인 문장을 동사술어문이라 한다. 동사술어문의 부정문은 동사 앞에 부정부사 '不'를 붙인다. 의문문은 형용사 뒤에 의문조사 '吗'를 붙이지 않고 해당 의문사를 사용한다.

주어 + 술어 + 목적어

예 A: 你吃什么？

nǐ chī shén me?

B: 我吃米饭。

wǒ chī mǐ fàn.

A: 你喝咖啡吗？

nǐ hē kā fēi ma?

B: 我不喝咖啡。

wǒ bù hē kā fēi.

(3) 판단동사 '是' 술어문

판단동사 '是'는 '~은/는 ~이다'로 해석하며, 부정문은 '是' 앞에 부정부사 '不'를 붙이고, 의문문은 문장 뒤에 의문조사 '吗'를 붙인다.

주어 + 是 + 목적어

예 A: 你是空姐吗？

nǐ shì kōng jiě ma?

B: 我是空姐。

wǒ shì kōng jiě.

我不是空姐。

wǒ bú shì kōng jiě.

중국어의 기초표현

1. 인칭대명사

	단 수			복 수		
1인칭	我	wǒ	나	我们	wǒ men	우리
2인칭	你/您	nǐ/nín	너/당신	你们	nǐ men	너희들
3인칭	他	tā	그	他们	tā men	그들
	她	tā	그녀	她们	tā men	그녀들
	它	tā	그것	它们	tā men	그것들

2. 인사말

‘你好！’는 중국어에서 널리 사용되는 인사말로서 시간, 장소에 관계없이 사용할 수 있다. 상대방의 대답 역시 ‘你好！’이다. 다음은 중국어 인사말이다.

일반 인사	你好！	nǐ hǎo!
격식 있는 인사	您好！	nín hǎo!
여러 사람에게의 인사	你们好！ 大家好！	nǐ men hǎo! dà jiā hǎo!
시간에 따른 인사	早上好！ 上午好！ 中午好！ 下午好！ 晚上好！	zǎo shang hǎo! shàng wǔ hǎo! zhōng wǔ hǎo! xià wǔ hǎo! wǎn shang hǎo!

기타 인사	A: 对不起！ B: 没关系！ A: 谢谢！ B: 不客气！	duì bu qǐ! méi guān xi! xiè xie! bú kè qi!

3. 지시대명사

중국어의 지시대명사에는 '这/这些'와 '那/那些'이 있다.

	단 수			복 수		
근칭	这	zhè	이/이것	这些	zhè xiē	이들, 이것들
원칭	那	nà	저/그, 저것/그것	那些	nà xiē	저들/그들, 저것들/그것들

4. 숫자와 양사

(1) 숫자

중국어는 '10진법'에 의하여 수를 센다.

1	2	3	4	5	6
一	二	三	四	五	六
yī	èr	sān	sì	wǔ	liù
7	8	9	10	11	12
七	八	九	十	十一	十二
qī	bā	jiǔ	shí	shí yī	shí èr

20	100	101	110	1000	10000
二十	一百	一百零一	一百一十	一千	一万
èr shí	yì bǎi	yì bǎi líng yī	yì bǎi yī shí	yì qiān	yí wàn

(2) 양사

중국어의 양사는 종류도 많고 쓰임도 복잡하다. 양사 중에서 가장 널리 쓰이는 양사는 '个'이다. 명사는 각각 특정한 양사를 가지므로 아무거나 사용해서는 안 된다.

양 사	용 법	예 시
个 ge 개, 명	사람, 사물 등의 명사 앞에 두루 쓰일 수 있다.	一个朋友 yí ge péng you 两个手机 liǎng ge shǒu jī
本 běn 권	주로 서적류를 가리키는 명사 앞에 쓴다.	一本杂志 yì běn zá zhì 三本中文书 sān běn zhōng wén shū
位 wèi 분	주로 존경하는 사람 신분 명사 앞에 쓴다.	一位乘客 yí wèi chéng kè 四位老师 sì wèi lǎo shī
张 zhāng 장	종이 등 따위의 넓은 표면을 가진 명사 앞에 쓴다.	两张机票 liǎng zhāng jī piào 五张纸 wǔ zhāng zhǐ
只 zhī 마리	주로 동물 명사 앞에 쓴다.	一只狗 yì zhī gǒu 三只熊猫 sān zhī xióng māo

5. 의문대명사

중국어의 의문대명사 종류는 아래와 같다.

의문대명사	예 시
谁 shuí 누구	A: 他是谁？ tā shì shuí? B: 他是我的朋友。 tā shì wǒ de péng you.
什么 shén me 무엇	A: 这是什么？ zhè shì shén me? B: 这是我的手机。 zhè shì wǒ de shǒu jī.
哪儿 nǎr 어디	A: 她在哪儿？ tā zài nǎr? B: 她在机场。 tā zài jī chǎng.
哪 nǎ 어느	A: 您要喝哪种咖啡？ nín yào hē nǎ zhǒng kā fēi? B: 我要美式咖啡。 wǒ yào měi shì kā fēi.
几 jǐ 몇	A: 现在几点？ xiàn zài jǐ diǎn? B: 现在九点。 xiàn zài jiǔ diǎn.
多少 duō shao 얼마	A: 今天有多少位外国乘客？ jīn tiān yǒu duō shao wèi wài guó chéng kè? B: 今天有十七位外国乘客。 jīn tiān yǒu shí qī wèi wài guó chéng kè.

다음은 의문대명사를 활용한 다양한 질문법이다.

(1) 이름 묻기

공손한 질문법	您贵姓？ nín guì xìng?	A: 您贵姓？ nín guì xìng? B: 我姓金。 wǒ xìng jīn.
일반 질문법	你姓什么？ nǐ xìng shén me?	A: 你姓什么？ nǐ xìng shén me? B: 我姓李。 wǒ xìng lǐ.
	你叫什么名字？ nǐ jiào shén me míng zi?	A: 你叫什么名字？ nǐ jiào shén me míng zi? B: 我叫张东健。 wǒ jiào zhāng dōng jiàn.

(2) 나이 묻기

어린이에게	你几岁(了)？ nǐ jǐ suì (le)?	A: 你几岁(了)？ nǐ jǐ suì (le)? B: 我九岁。 wǒ jiǔ suì.
나이가 비슷한 사람에게	你多大(了)？ nǐ duō dà (le)?	A: 你多大(了)？ nǐ duō dà (le)? B: 我二十三岁。 wǒ èr shí sān suì.
연세가 많은 어른에게	您多大年纪(了)？ nín duō dà nián jì (le)?	A: 您多大年纪(了)？ nín duō dà nián jì (le)? B: 我今年七十五岁。 wǒ jīn nián qī shí wǔ suì.

(3) 기타 묻기

가족수 묻기	A: 你家有几口人？ nǐ jiā yǒu jǐ kǒu rén? B: 我家有四口人。 wǒ jiā yǒu sì kǒu rén. A: 都有谁？ dōu yǒu shuí? B: 有爸爸、妈妈、姐姐和我。 yǒu bà ba, māma, jiě jie hé wǒ.
주소/위치 묻기	A: 你去哪儿？ nǐ qù nǎr? B: 我去北京。 wǒ qù běi jīng. A: 我的座位在哪儿？ wǒ de zuò wèi zài nǎr? B: 您的座位在这儿。 nín de zuò wèi zài zhèr.
직업 묻기	A: 您做什么工作？ nín zuò shén me gōng zuò? B: 我是医生。 wǒ shì yī shēng.
국적 묻기	A: 您是哪国人？ nín shì nǎ guó rén? B: 我是韩国人。 wǒ shì hán guó rén.
가격 묻기	A: 这个口红多少钱？ zhè ge kǒu hóng duō shao qián? B: 这个口红二百四十块。 zhè ge kǒu hóng èr bǎi sì shí kuài.

6. 시각과 시간

(1) 시각

1:00	2:00	3:00	4:00	5:00	6:00
一点	两点	三点	四点	五点	六点
yī diǎn	liǎng diǎn	sān diǎn	sì diǎn	wǔ diǎn	liù diǎn
7:00	8:00	9:00	10:00	11:00	12:00
七点	八点	九点	十点	十一点	十二点
qī diǎn	bā diǎn	jiǔ diǎn	shí diǎn	shí yī diǎn	shí èr diǎn

예 8:00 八点

bā diǎn

8:05 八点五分 八点零五(分)

bā diǎn wǔ fēn bā diǎn líng wǔ (fēn)

8:15 八点十五分 八点一刻

bā diǎn shí wǔ fēn bā diǎn yí kè

8:30 八点三十分 八点半

bā diǎn sān shí fēn bā diǎn bàn

8:45 八点四十五分 八点三刻

bā diǎn sì shí wǔ fēn bā diǎn sān kè

8:55 八点五十五分 差五分九点

bā diǎn wǔ shí wǔ fēn chà wǔ fēn jiǔ diǎn

九点差五分

jiǔ diǎn chà wǔ fēn

(2) 시간

① 년(年) : 각각의 숫자를 하나하나 읽은 후에 '年'을 읽는다.

예 2000 二零零零年

èr líng líng líng nián

2018 二零一八年

èr líng yī bā nián

② 월(月) : 1～12까지의 숫자를 읽은 후에 '月'을 읽는다.

1월	2월	3월	4월
一月	二月	三月	四月
yī yuè	èr yuè	sān yuè	sì yuè
5월	6월	7월	8월
五月	六月	七月	八月
wǔ yuè	liù yuè	qī yuè	bā yuè
9월	10월	11월	12월
九月	十月	十一月	十二月
jiǔ yuè	shí yuè	shí yī yuè	shí èr yuè

③ 일(日) : 1～31을 읽어 주고 숫자 뒤에 '号' 또는 '日'를 쓴다. '号'는 주로 구어체이며, '日'는 문어체이다.

예 9일 九号 (日)

jiǔ hào (rì)

16일 十六号 (日)

shí liù hào (rì)

④ 요일(星期) : 월요일부터 토요일까지는 '星期' 또는 '周' 뒤에 숫자 '一'에서 '六'까지 붙여준다. 일요일은 숫자 '七'이 아니고 '天/日'를 붙이면 된다.

월요일	화요일	수요일	목요일
星期一	星期二	星期三	星期四
xīng qī yī	xīng qī èr	xīng qī sān	xīng qī sì
금요일	토요일	일요일	
星期五	星期六	星期天/星期日	
xīng qī wǔ	xīng qī liù	xīng qī tiān/xīng qī rì	

(3) 시간사

재작년	작년	올해	내년	후년
前年	去年	今年	明年	后年
qián nián	qù nián	jīn nián	míng nián	hòu nián
그저께	어제	오늘	내일	모레
前天	昨天	今天	明天	后天
qián tiān	zuó tiān	jīn tiān	míng tiān	hòu tiān

지난달	이번달	다음달
上个月	这个月	下个月
shàng ge yuè	zhè ge yuè	xià ge yuè
지난주	이번주	다음주
上个星期	这个星期	下个星期
shàng ge xīng qī	zhè ge xīng qī	xià ge xīng qī

(4) 시간, 날짜, 요일 묻기

시 간	A: 现在几点？ xiàn zài jǐ diǎn? B: 现在九点十分。 xiàn zài jiǔ diǎn shí fēn. A: 你什么时候去中国？ nǐ shén me shí hou qù zhōng guó? B: 我下个月去中国。 wǒ xià ge yuè qù zhōng guó.
날 짜	A: 今天几月几号？ jīn tiān jǐ yuè jǐ hào? B: 今天十月二十三号。 jīn tiān shí yuè èr shí sān hào.
요 일	A: 今天星期几？ jīn tiān xīng qī jǐ? B: 今天星期六。 jīn tiān xīng qī liù.

7. 조동사 '想', '要', '会'

조동사는 중국어에서 능원동사라고 부른다. 일반적으로 동사나 형용사 앞에 놓여서 능력, 바램, 요구, 가능, 의무 등의 뜻을 나타낸다. 부정형은 조동사 앞에 '不'를 놓는다.

想 xiǎng	~하고 싶다.	我想换座位。 wǒ xiǎng huàn zuò wèi. 我不想看杂志。 wǒ bù xiǎng kàn zá zhì.
要 yào	~하려고 한다.	我要喝咖啡。 wǒ yào hē kā fēi. 我不想喝咖啡。 wǒ bù xiǎng hē kā fēi.
会 huì	~할 줄 안다.	我会说英语。 wǒ huì shuō yīng yǔ. 我不会说英语。 wǒ bú huì shuō yīng yǔ.

CHAPTER

03

비행 전 브리핑
飞行前简报

对话1 飞行前简报

乘务长 大家好！现在开始11月10号KE011次航班的简报。

dà jiā hǎo! xiàn zài kāi shǐ shí yī yuè shí hào KE líng yī yī cì háng bān de jiǎn bào.

我是本次航班的乘务长张明。

wǒ shì běn cì háng bān de chéng wù zhǎng zhāng míng.

乘务员们 您好！

nín hǎo!

乘务长 请大家介绍一下自己并互相问候。

qǐng dà jiā jiè shào yí xià zì jǐ bìng hù xiāng wèn hòu.

乘务员1 我是011次航班FAG的王丽。很高兴认识大家！

wǒ shì líng yī yī cì háng bān FAG de wáng lì. hěn gāo xìng rèn shi dà jiā!

단어

乘务长 chéng wù zhǎng 명 사무장 | 乘务员 chéng wù yuán 명 승무원 | 大家 dà jiā 대 여러분 | 现在 xiàn zài 명 지금 | 开始 kāi shǐ 동 시작하다 | 次 cì 양 번, 회 | 航班 háng bān 명 항공편 | 简报 jiǎn bào 명 브리핑 | 本 běn 대 이번의 | 您 nín 대 당신 | 请 qǐng 동 청하다, 부탁하다 | 介绍 jiè shào 동 소개하다 | 一下 yí xià 양 좀 ~하다 | 自己 zì jǐ 대 자신, 자기 | 并 bìng 접 또한, 그리고 | 互相 hù xiāng 부 서로, 상호 | 问候 wèn hòu 동 인사를 나누다 | 很 hěn 부 매우 | 高兴 gāo xìng 동 좋아하다, 기뻐하다 | 认识 rèn shi 동 알다 | 谢谢 xiè xie 동 감사하다, 고맙다 | 多 duō 부 더 많이, 널리 | 关照 guān zhào 동 돌보다

乘务员2　大家好！我是CBL的李兰。谢谢！

dà jiā hǎo! wǒ shì CBL de lǐ lán. xiè xie!

乘务员3　我是YCG的宋佳。请多多关照！

wǒ shì YCG de sòng jiā. qǐng duō duō guān zhào!

乘务员4　我是YDR的张妍。谢谢！

wǒ shì YDR de zhāng yán. xiè xie!

비행 전 브리핑

사무장　안녕하십니까? 11월 10일 KE 011편 브리핑 시작하겠습니다.
저는 오늘 011편 사무장 장명입니다.

승무원들　안녕하십니까?

사무장　팀원이 아닌 사람도 있으니 소개하고 시작하겠습니다.

승무원1　011편 FAG 왕려입니다. 반갑습니다.

승무원2　안녕하십니까? CBL 이란입니다. 열심히 하겠습니다.

승무원3　저는 YCG 송가입니다. 잘 부탁드립니다.

승무원4　저는 YDR 장연입니다. 최선을 다하겠습니다.

업무 3레터 코드 설명

- 첫 번째 : F/C/Y는 좌석 등급을 나타냄
- 두 번째 : A/B/C/D는 (Zone)을 나타냄
- 세 번째 : G/L/R에서 G는 갤리에서의 업무, L은 기내 복도 왼쪽, R은 기내 복도 오른쪽을 나타냄

对话2 飞行前简报

乘务长 今天我们011次航班满座。
jīn tiān wǒ men líng yī yī cì háng bān mǎn zuò.
出发时间为19点30分，乘客登机时间为19点。
chū fā shí jiān wéi shí jiǔ diǎn sān shí fēn, chéng kè dēng jī shí jiān wéi shí jiǔ diǎn.
请各位乘务员迅速登机，确认机内安全。
qǐng gè wèi chéng wù yuán xùn sù dēng jī, què rèn jī nèi ān quán.

乘务员们 是，明白。
shì, míng bai.

乘务长 今天需要特殊关照的乘客有一名无成人陪伴儿童和两名乘坐轮椅的乘客。
jīn tiān xū yào tè shū guān zhào de chéng kè yǒu yì míng wú chéng rén péi bàn ér tóng hé liǎng míng chéng zuò lún yǐ de chéng kè.

단어

满座 mǎn zuò 명 만원, 만석 | 出发 chū fā 동 출발하다 | 时间 shí jiān 명 시간 | 为 wéi 동 ~이 되다 | 点 diǎn 명 시 | 分 fēn 명 분 | 乘客 chéng kè 명 승객 | 登机 dēng jī 동 탑승하다 | 迅速 xùn sù 형 신속하다, 급속하다 | 确认 què rèn 동 확인하다 | 机内 jī nèi 명 기내 | 安全 ān quán 명 안전 | 是 shì 동 이다 | 明白 míng bai 동 알다, 명백하다 | 需要 xū yào 동 필요하다 | 特殊 tè shū 형 특수하다, 특별하다 | 有 yǒu 동 있다 | 名 míng 양 명 | 无 wú 동 없다 | 成人 chéng rén 명 성인 | 陪伴 péi bàn 동 동반하다, 동행하다 | 儿童 ér tong 명 아동, 어린이, 차일드 | 乘坐 chéng zuò 동 타다 | 轮椅 lún yǐ 명 휠체어 | 份 fèn 양 (인)분

另外，有十份特餐，五份儿童餐，三份糖尿病人餐，以及两份水果餐。

lìng wài, yǒu shí fèn tè cān, wǔ fèn ér tóng cān, sān fèn táng niào bìng rén cān, yǐ jí liǎng fèn shuǐ guǒ cān.

请将餐食准确送达给自己负责区域的乘客，并确认乘客是否用完餐。

qǐng jiāng cān shí zhǔn què sòng dá gěi zì jǐ fù zé qū yù de chéng kè, bìng què rèn chéng kè shì fǒu yòng wán cān.

本次航班的乘客大部分为韩国乘客，另外有十名中国及日本乘客。

běn cì háng bān de chéng kè dà bù fen wéi hán guó chéng kè, lìng wài yǒu shí míng zhōng guó jí rì běn chéng kè.

王丽乘务员！请介绍一下洛杉矶的时差。

wáng lì chéng wù yuán! qǐng jiè shào yí xià luò shān jī de shí chā.

乘务员1 洛杉矶国际机场的格林尼治时间为西八区区时，比韩国晚17个小时。

luò shān jī guó jì jī chǎng de gé lín ní zhì shí jiān wéi xī bā qū qū shí, bǐ hán guó wǎn shí qī ge xiǎo shí.

特餐 tè cān 명 스페셜 밀 | 儿童餐 ér tóng cān 명 차일드 밀 | 糖尿病人餐 táng niào bìng rén cān 명 다이아베틱 밀 | 以及 yǐ jí 접 그리고 | 水果餐 shuǐ guǒ cān 명 플룻(과일) 밀 | 将 jiāng 개 ~을/를 | 餐食 cān shí 명 음식 | 准确 zhǔn què 형 확실하다, 틀림없다 | 送达 sòng dá 동 배달하다 | 负责 fù zé 동 담당하다 | 区域 qū yù 명 구역 | 是否 shì fǒu ~인지 아닌지 | 完 wán 동 다하다, 완성하다 | 大部分 dà bù fen 명 대부분 | 韩国 hán guó 명 한국 | 另外 lìng wài 부 그밖에, 따로 | 中国 zhōng guó 명 중국 | 及 jí 접 및, 그리고 | 日本 rì běn 명 일본 | 洛杉矶国际机场 luò shān jī guó jì jī chǎng 명 로스앤젤레스 국제공항(LAX)

乘务长 李兰乘务员！洛杉矶国际机场的天气怎么样？

lǐ lán chéng wù yuán! luò shān jī guó jì jī chǎng de tiān qì zěn me yàng?

乘务员2 洛杉矶国际机场最低温度10度，最高温度20度，昼夜温差较大，与首尔秋季天气相似。

luò shān jī guó jì jī chǎng zuì dī wēn dù shí dù, zuì gāo wēn dù èr shí dù, zhòu yè wēn chā jiào dà, yǔ shǒu ěr qiū jì tiān qì xiāng sì.

时差 shí chā 명 시차 | 格林尼治时间 gé lín ní zhì shí jiān 명 그리니치 시(GMT) | 西八区 xī bā qū 명 -8 | 区时 qū shí 명 경대시 | 比 bǐ 개 ~보다 | 晚 wǎn 형 늦다 | 小时 xiǎo shí 명 시간 | 天气 tiān qì 명 날씨 | 怎么样 zěn me yàng 형 어떻다 | 最低 zuì dī 형 최저이다 | 温度 wēn dù 명 온도 | 度 dù 명 도 | 最高 zuì gāo 형 최고이다 | 昼夜 zhòu yè 명 주야, 밤낮 | 温差 wēn chā 명 온도차 | 较 jiào 부 비교적 | 大 dà 형 크다 | 与 yǔ 개 ~와/과 | 首尔 shǒu ěr 명 서울 | 秋季 qiū jì 명 가을 | 相似 xiāng sì 형 비슷하다

비행 전 브리핑

사무장 오늘 011편은 만석입니다. 출발시간은 19시 30분이고 승객들의 보딩타임은 19시입니다. 승무원들은 신속히 탑승하여 기내 안전보안 체크를 해주시기 바랍니다.

승무원들 네, 알겠습니다.

사무장 오늘 스페셜 케어 승객으로 UM 1명과 휠체어 승객 2명이 있습니다. 또한 스페셜 밀 10개가 있습니다. 차일드 밀이 5개, 다이아베틱 밀이 3개 그리고 플롯 밀이 2개로 자신의 존에 해당하는 밀이 잘 전달되고 맛있게 드셨는지까지 확인하여 주시기 바랍니다.
승객은 대부분 한국 국적이며, 중국인 승객과 일본인 승객이 10명 있습니다.
왕려 승무원! LAX의 시차에 대해 말씀해 주시겠습니까?

승무원1 LAX의 GMT는 -8로 우리나라보다 17시간 느립니다.

사무장 이란 승무원! LAX의 날씨는 어떤가요?

승무원2 LAX의 날씨는 최저 10에서 최고 20도 정도로 일교차가 크고, 서울의 가을 날씨와 비슷합니다.

SPML(Special Meal)

스페셜밀은 종교나 건강상태, 체질, 나이 등에 따라 다양하게 제공되고 있으며, 항공기 출발 24시간 전까지 주문한다.

UM(Unaccompanied Minor)

보호자를 동반하지 않은 만 5세 이상~만 11세 미만의 어린이로 모든 항공사가 동일하게 적용한다.

1. 동사 请

'~하세요.'의 청유의 의미로 쓰인다.

请您系好安全带。

qǐng nín jì hǎo ān quán dài.

请关闭手机。

qǐng guān bì shǒu jī.

请出示一下您的登机牌。

qǐng chū shì yí xià nín de dēng jī pái.

2. 구조조사 的

'的'는 '~의', '~한'이라는 뜻으로 한정어와 중심어 사이에 위치하며, 소유나 수식관계를 나타낸다.

这是我的登机牌。

zhè shì wǒ de dēng jī pái.

您的座位是45H。

nín de zuò wèi shì sì shí wǔ H.

这是您要的咖啡。

zhè shì nín yào de kā fēi.

3. 동사 有

'有'는 '(~를 가지고) 있다', '~가 있다'는 의미로 소유나 존재를 나타낸다. 부정형은 '不有'가 아닌 '没有'이다.

(1) 소유를 나타내는 '有'

我有一个中国朋友。

wǒ yǒu yí ge zhōng guó péng you.

我们有咖啡、橙汁和可乐。

wǒ men yǒu kā fēi, chéng zhī hé kě lè.

(2) 존재를 나타내는 '有'

飞机上有一名儿童乘客。

fēi jī shàng yǒu yì míng ér tóng chéng kè.

这儿有耳机和遥控器。

zhèr yǒu ěr jī hé yáo kòng qì.

(3) '有'의 부정형은 '没有'이다.

我有人民币，没有美金。

wǒ yǒu rén mín bì, méi yǒu měi jīn.

4. 개사 比

비교문은 주로 '比'를 이용해 두 가지 대상의 차이점과 그 정도를 비교하는 문장이다. 비교문에서 긍정형은 '比', 부정형은 '不如/没有'를 쓴다.

(1) 긍정문 '比'

今天比昨天热。

jīn tiān bǐ zuó tiān rè.

这瓶香水比那瓶贵。

zhè píng xiāng shuǐ bǐ nà píng guì.

(2) 부정문 '不如/没有'

今天不如昨天热。/ 今天没有昨天热。

jīn tiān bù rú zuó tiān rè. / jīn tiān méi yǒu zuó tiān rè.

这瓶香水不如那瓶贵。/ 这瓶香水没有那瓶贵。

zhè píng xiāng shuǐ bù rú nà píng guì. / zhè píng xiāng shuǐ méi yǒu nà píng guì.

보충단어

手机 shǒu jī 명 핸드폰 | 人民币 rén mín bì 명 인민폐 | 香水 xiāng shuǐ 명 향수 | 热 rè 형 덥다 | 贵 guì 형 비싸다

1. 请大家 ______ 一下 ______ 。 ~를 ~해주세요.
qǐng dà jiā yí xià

(1) 介绍 jiè shào 自己 zì jǐ

(2) 确认 què rèn 机内安全 jī nèi ān quán

(3) 确认 què rèn 所有证件 suǒ yǒu zhèng jiàn

2. 我是 ______ 的 ______ 。 저는 ~의 ~입니다.
wǒ shì de

(1) CBL 全智贤 quán zhì xián

(2) FAG 金泰熙 jīn tài xī

(3) YCG 宋慧乔 sòng huì qiáo

(4) YDR 郑秀晶 zhèng xiù jīng

3. 出发时间为 ______ 。 출발시간은 ~입니다.
chū fā shí jiān wéi

(1) 19点30分 shí jiǔ diǎn sān shí fēn

(2) 17点50分 shí qī diǎn wǔ shí fēn

(3) 8点45分 bā diǎn sì shí wǔ fēn

(4) 10点25分 shí diǎn èr shí wǔ fēn

4. 乘客登机时间为 ______ 。승객들의 보딩타임은 ~입니다.
chéng kè dēng jī shí jiān wéi

(1) 9点50分 jiǔ diǎn wǔ shí fēn

(2) 12点 shí èr diǎn

(3) 14点35分 shí sì diǎn sān shí wǔ fēn

(4) 21点05分 èr shí yī diǎn líng wǔ fēn

5. ______ 的天气怎么样？~의 날씨가 어떤가요?
de tiān qì zěn me yàng

(1) 洛杉矶机场 luò shān jī jī chǎng

(2) 北京机场 běi jīng jī chǎng

(3) 东京机场 dōng jīng jī chǎng

(4) 巴黎机场 bā lí jī chǎng

6. 最低温度 ______ ，最高温度 ______ 。
zuì dī wēn dù　　zuì gāo wēn dù

최저 온도가 ~도이고, 최고 온도가 ~도입니다.

(1) 12度 shí èr dù　　23度 èr shí sān dù

(2) 4度 sì dù　　16度 shí liù dù

(3) -5度 líng xià wǔ dù　　7度 qī dù

(4) 27度 èr shí qī dù　　35度 sān shí wǔ dù

1. 다음 문장에 알맞은 병음과 성조를 쓰고 한국어로 해석하세요.

(1) 我是本次航班的乘务长。

병음과 성조 : ______________________

해　　석 : ______________________

(2) 请大家介绍一下自己并互相问候。

병음과 성조 : ______________________

해　　석 : ______________________

(3) 很高兴认识大家。

병음과 성조 : ______________________

해　　석 : ______________________

(4) 请各位乘务员迅速登机，确认机内安全。

병음과 성조 : ______________________

해　　석 : ______________________

2. 다음 보기의 단어를 이용하여 빈 칸을 채우세요.

【보기】 的　请　比　有

(1) 这瓶香水（　　）那瓶贵。

(2) 飞机上（　　）一名儿童乘客。

(3) 这是我（　　）登机牌。

(4)（　　）您系好安全带。

3. 다음 주어진 단어를 어순에 맞게 배열하세요.

(1) 洛杉矶　介绍　请　的　时差　一下

문장 : ____________________

(2) 朋友　个　中国　我　一　有

문장 : ____________________

(3) 怎么样　的　北京机场　天气

문장 : ____________________

(4) 比　今天的　热　天气　昨天

문장 : ____________________

STORY 01

항공사들 중에는 좌석을 등급별로 나누어 서비스를 제공하고 있는데, 우리나라의 경우에는 대형 항공사인 대한항공과 아시아나 항공사가 있다. 우리나라 LCC항공사들은 모든 좌석을 동일한 등급으로 제공하지만, 말레이시아의 에어아시아는 LCC항공사임에도 좌석 등급을 나누어 서비스를 제공한다. 우리나라 대형 항공사는 좌석 등급을 퍼스트 클래스, 비즈니스 클래스, 이코노미 클래스로 나눈다. 이렇게 등급별로 좌석을 나누면 서비스 또한 좌석 등급별로 다르게 제공한다. 그렇기 때문에 승무원들은 좌석 등급별 기내서비스를 제공하기 위한 교육을 이수해야 하고, 이수 후에는 반드시 시험에 합격해야만 상위 클래스서비스 제공의 자격이 주어진다.

객실승무원으로서 입사를 하게 되면 가장 먼저 교육원에 집합하여 교육을 받게 되는데, 안전 · 보안 교육뿐만 아니라 국내선 서비스교육을 약 2개월간 받는다. 교육 이수 후 소정의 테스트를 거쳐 통과하면 국내선 비행을 시작하게 된다. 그리고 회사에서 국제선 교육 대상자를 공지하면 해당 승무원은 교육원에 집합하여 국제선 교육을 받게 된다. 마찬가지로 국제선 교육을 수료하게 되면 테스트를 거쳐 국제선에서 근무할 수 있는 자격이 주어지고, 그 승무원은 국제선에서 근무를 하되 이코노미 클래스에서만 한정한다. 상위 클래스 교육도 마찬가지로, 교육 대상자를 공지하면 교육 대상 승무원들은 국제선 교육 때와 같이 교육장에 집합하여 상위 클래스 교육을 받은 후 테스트를 거쳐 비즈니스 클래스와 퍼스트 클래스 서비스를 제공할 수 있는 자격을 부여받게 된다. 대한항공의 경우 FF코드와 FP코드를 부여한다. FF코드는 퍼스트 클래스서비스를 제공할 수 있는 자격을 취득한 승무원을 뜻하고 FP코드는 비즈니스 클래스서비스를 제공할 수 있는 자격을 취득한 승무원을 말한다. 뿐만 아니라 기내방송도 자격증을 취득해야 할 수 있는데 국내선용 · 국제선용 자격증과 국제선에서는 노선에 따른 외국어별 기내방송 자격증이 있다. 예를 들면 파리행 노선에서는 불어 기내방송 자격증을 취득한 승무원이 기내방송업무를 맡거나, 일본 노선에서는 일본어 기내방송 자격취득 승무원이 기내방송업무를 맡는 것이다. 또한 기내방송 자격은 A, B, C 등의 등급으로 나누어 높은 등급의 승무원이 기내방송을 담당하게 된다. 승무원들은 항공사 입사 후 교육을 끊임없이 받게 되며 매년 생일 달에는 안전교육을 받고 새로운 기종의 비행기가 들어올 때마다 혹은 기내서비스 매뉴얼이 바뀌거나 새로 생기게 되면 교육을 이수한 후 근무를 하며 본인의 자격에 맞게 업무를 배정받게 된다.

항공서비스
실무중국어

CHAPTER

04

승객탑승

乘客登机

对话1 乘客登机(确认登机牌)

乘务员 您好！本次航班前往洛杉矶。请出示一下您的登机牌，我们例行安全检查，请您配合一下，我来确认一下您的日期和航班号。

nín hǎo! běn cì háng bān qián wǎng luò shān jī. qǐng chū shì yí xià nín de dēng jī pái, wǒ men lì xíng ān quán jiǎn chá, qǐng nín pèi hé yí xià, wǒ lái què rèn yí xià nín de rì qī hé háng bān hào.

乘客 这是我的登机牌。

zhè shì wǒ de dēng jī pái.

乘务员 好的，谢谢。您的座位是45H，请往过道里边走。

hǎo de, xiè xie. nín de zuò wèi shì sì shí wǔ H, qǐng wǎng guò dào lǐ bian zǒu.

乘客 好的，谢谢。

hǎo de, xiè xie.

단어

前往 qián wǎng 동 가다, 향하여 가다 | 出示 chū shì 동 제시하다 | 登机牌 dēng jī pái 명 탑승권 | 我们 wǒ men 대 우리 | 例行 lì xíng 동 관례대로 행하다 | 检查 jiǎn chá 동 검사하다 | 配合 pèi hé 동 협동하다 | 日期 rì qī 명 날짜 | 航班号 háng bān hào 명 플라이트넘버 | 座位 zuò wèi 명 자리 | 往 wǎng 개 ~로 향해 | 过道 guò dào 명 복도 | 里边 lǐ bian 명 안쪽 | 走 zǒu 동 걷다

승객 탑승(탑승권 확인)

승무원 안녕하십니까? LA까지 가는 011편입니다.
탑승권 보여주시겠습니까? 보안점검 사항입니다. 협조 부탁드립니다. 날짜와 편명 확인하겠습니다.

승객 탑승권 여기 있습니다.

승무원 네, 감사합니다. 45H 좌석입니다. 안쪽 복도로 들어가시면 됩니다.

승객 네, 고맙습니다.

对话2 乘客登机(说明座位)

乘客 乘务员，我的座位在哪儿？
chéng wù yuán, wǒ de zuò wèi zài nǎr?

乘务员 您好，是45H座，请一直往里走。
nín hǎo, shì sì shí wǔ H zuò, qǐng yì zhí wǎng lǐ zǒu.

乘客 45H是靠窗的座位吗？
sì shí wǔ H shì kào chuāng de zuò wèi ma?

乘务员 不是，是靠过道的座位。
bú shì, shì kào guò dào de zuò wèi.

乘客 好的，谢谢。
hǎo de, xiè xie.

단어

在 zài 동 ~에 있다 | 哪儿 nǎr 대 어디 | 一直 yì zhí 부 곧장 | 靠窗 kào chuāng 명 창가, 창쪽 | 吗 ma 조 구말에 사용하여 의문을 표시함 | 不是 bú shì 동 아니다

승객 탑승(좌석 안내)

승객 승무원! 제 좌석은 어디인가요?

승무원 네, 45H입니다. 45H는 이 복도를 따라가시면 됩니다.

승객 45H는 창가 쪽인가요?

승무원 아닙니다. 복도 쪽 좌석입니다.

승객 네, 감사합니다.

对话3 乘客登机(整理机舱)

乘务员 请将随身携带的行李物品放置在前排座椅下方或者行李架上面。

qǐng jiāng suí shēn xié dài de xíng li wù pǐn fàng zhì zài qián pái zuò yǐ xià fāng huò zhě xíng li jià shàng miàn.

乘客 放在这上面也可以吗？

fàng zài zhè shàng miàn yě kě yǐ ma?

乘务员 可以。

kě yǐ.

:

:

단어

携带 xié dài 동 휴대하다 | 行李 xíng li 명 짐 | 物品 wù pǐn 명 물품 | 放置 fàng zhì 동 방치하다 | 前排 qián pái 명 앞줄 | 座椅 zuò yǐ 명 좌석 | 下方 xià fāng 명 아래 | 或者 huò zhě 접 ~(이)거나 | 行李架 xíng li jià 명 선반 | 上面 shàng miàn 명 위 | 也 yě 부 ~도 | 可以 kě yǐ 조동 ~해도 좋다 | 乘客 chéng kè 명 승객 | 抱歉 bào qiàn 동 죄송하다 | 为了 wèi le 개 ~를 위하여 | 后面 hòu miàn 명 뒤 | 稍微 shāo wēi 부 조금, 약간, 다소 | 侧身 cè shēn 동 몸을 옆으로 하다(기울이다)

乘务员 乘客，很抱歉，为了后面的乘客能迅速登机，请您稍微侧一下身好吗？谢谢。

chéng kè, hěn bào qiàn, wèi le hòu miàn de chéng kè néng xùn sù dēng jī, qǐng nín shāo wēi cè yí xià shēn hǎo ma? xiè xie.

乘客 好的。

hǎo de.

승객 탑승(기내 정리)

승무원 가지고 계신 짐은 앞좌석 밑이나 선반에 보관해 주시겠습니까?

승객 이 위에 넣어도 되나요?

승무원 네, 그렇습니다.

:

:

승무원 손님 실례합니다만, 뒤의 탑승객을 위해 안쪽으로 잠시 들어가 주시겠습니까?

승객 네.

1. 개사 往

'往'은 개사로 '(~방향)을 향해'의 의미로 쓰인다.

请一直往前走。

qǐng yì zhí wǎng qián zǒu.

请往过道里边走。

qǐng wǎng guò dào lǐ bian zǒu.

2. 在

'在'는 동사와 개사 두 가지 품사로 '~에 있다', '~에서 (~한다)'의 의미로 쓰인다. 부정형은 '不在'이다.

(1) 동사 : ~에 있다

我在机场。

wǒ zài jī chǎng.

您的手机在这儿。

nín de shǒu jī zài zhèr.

(2) 개사 : ~에서(~한다)

我在机场工作。

wǒ zài jī chǎng gōng zuò.

我在免税店买了一瓶红酒。

wǒ zài miǎn shuì diàn mǎi le yì píng hóng jiǔ.

3. 의문조사 吗

평서문의 끝에 의문조사 '吗'를 붙이면 의문문을 만들 수 있다.

您需要帮助吗？

nín xū yào bāng zhù ma?

这是您的行李吗？

zhè shì nín de xíng li ma?

4. 조동사 可以

조동사 '可以'는 가능, 허가나 허락의 의미를 나타낸다.

(1) 허가 : ~해도 된다.

您可以把行李放在行李架上面。

nín kě yǐ bǎ xíng li fàng zài xíng li jià shàng miàn.

飞机上不可以吸烟。

fēi jī shàng bù kě yǐ xī yān.

(2) 가능 : ~할 수 있다.

您可以在首尔转机。

nín kě yǐ zài shǒu ěr zhuǎn jī.

现在可以使用卫生间。

xiàn zài kě yǐ shǐ yòng wèi shēng jiān.

(3) 의문형 : 문장 끝에 吗를 붙인다.

您可以收一下小桌板吗？

nín kě yǐ shōu yí xià xiǎo zhuō bǎn ma?

乘务员，可以给我一杯咖啡吗？

chéng wù yuán, kě yǐ gěi wǒ yì bēi kā fēi ma?

5. 개사 为了

'为了'는 '~을 위하여'라는 뜻으로 어떤 목적을 표현하는 용도로 쓰인다.

为了飞行安全，请关闭电子设备。

wèi le fēi xíng ān quán, qǐng guān bì diàn zǐ shè bèi.

为了后面乘客能迅速登机，请稍微侧一下身。

wèi le hòu miàn chéng kè néng xùn sù dēng jī, qǐng shāo wēi cè yí xià shēn.

보충단어

机场 jī chǎng 명 공항 | 工作 gōng zuò 명동 일(하다) | 免税店 miǎn shuì diàn 명 면세점 | 吸烟 xī yān 동 담배를 피우다 | 转机 zhuǎn jī 동 비행기를 갈아타다

1. 本次航班前往 _______ 。~(도시)까지 가는 항공편입니다.
   běn cì háng bān qián wǎng
   (1) 洛杉矶 luò shān jī
   (2) 北京 běi jīng
   (3) 首尔 shǒu ěr
   (4) 上海 shàng hǎi
   (5) 西安 xī ān

2. 请出示一下您的 _______ 。~(증서) 보여주십시오.
   qǐng chū shì yí xià nín de
   (1) 登机牌 dēng jī pái
   (2) 护照 hù zhào
   (3) 身份证 shēn fèn zhèng
   (4) 健康证 jiàn kāng zhèng

3. 放在这 _______ 也可以吗？ ~(위치)에 넣어도 되나요?
   fàng zài zhè   yě kě yǐ ma
   (1) 上面 shàng miàn
   (2) 下面 xià miàn
   (3) 后面 hòu miàn
   (4) 前面 qián miàn

1. 다음 문장에 알맞은 병음과 성조를 쓰고 한국어로 해석하세요.

(1) 本次航班前往洛杉矶。

병음과 성조 : ______________________

해　　석 : ______________________

(2) 请出示一下您的登机牌。

병음과 성조 : ______________________

해　　석 : ______________________

(3) 请往过道里边走。

병음과 성조 : ______________________

해　　석 : ______________________

(4) 我的座位在哪儿？

병음과 성조 : ______________________

해　　석 : ______________________

2. 다음 보기의 단어를 이용하여 빈 칸을 채우세요.

【보기】为了　　可以　　吗　　在　　往

⑴ 我（　　　）机场工作。

⑵ 这是您的护照（　　　）？[护照 hù zhào, 여권]

⑶ 乘务员，（　　　）给我一杯咖啡吗？

⑷ 请一直（　　　）前走。

⑸（　　　）飞行安全，请您关闭手机。

3. 다음 주어진 단어를 어순에 맞게 배열하세요.

⑴ 登机牌　是　我　这　的

문장 : ____________________

⑵ 您　放　上面　可以　在　行李架

문장 : ____________________

⑶ 稍微　侧　身　一下　请　好吗

문장 : ____________________

STORY 02

비행기는 앞을 기준으로 오른쪽을 'R(Right)사이드', 왼쪽을 'L(LEFT) 사이드'라고 한다. 비행기는 기종에 따라 복도(Aisle)가 하나 있는 작은 기종(예를 들면, B737-800, B737-900 기종은 우리나라 대부분의 LCC항공사들의 보유 기종)과 복도가 두개 있는 기종(A380, B747-400, B777-200 등)이 있다. 보딩 시 복도가 한 개만 있는 기종이면 좌석의 방향만(복도를 기준으로 오른편 좌석과 왼편 좌석) 안내하면 되지만, 복도가 두 개인 경우에는 탑승 시 더욱 자세한 안내가 필요하다. 그 이유는 승객의 예약상황에 따라 그리고 비행기 크기에 따라 다르지만 300~400여 명이 탑승해야 하는데, 승객이 탑승하여 본인의 좌석에 앉기까지 생각보다 시간이 꽤 걸리기 때문이다. 그 이유는 본인의 좌석을 찾고 짐을 올리거나 앞좌석 밑에 짐을 보관하고 옷가지를 정리하며 혹은 비행 시 자신의 필요한 소지품을 꺼내고 여권과 탑승권을 가방에 넣는 등 기내에서 승객도 나름 준비를 해야 하는데, 비행기를 자주 타지 않기 때문에 가방에서 소지품을 넣었다가 뺐다가 하면서 시간을 많이 허비하기 때문이다. 이렇게 되면 뒤에 탑승한 승객은 먼저 탑승한 승객으로 인해 좁은 복도에서 먼저 탑승한 승객이 짐정리 후 좌석에 앉을 때까지 기다려야 한다. 왜냐하면 비행기의 복도는 매우 좁아 승객이나 승무원이 서 있으면 다른 사람이 같은 복도를 지나가기가 쉽지 않을 정도로 폭이 좁기 때문에 그렇다. 이런 이유로 승무원들은 승객이 탑승할 때 좌석 쪽에 서서 막힌 복도를 뚫어 줄 수 있게 승객을 도와주며 탑승 시 한쪽 복도로만 탑승하지 않고 다른 복도로 분산시켜 신속한 탑승과 착석을 유도해야 한다. 복도 안내는 대부분 웰컴인사 시에 하는데, 가장 어린 주니어승무원과 사무장이 비행기 문 앞에서 함께 탑승인사를 하면서 탑승권 확인을 하며 인사말과 함께 복도를 안내한다. 필자도 막내로 비행을 할 때 안내를 너무 열심히 한 나머지 보딩 후에 목이 쉬었었다.

또한 탑승을 하다보면 아주 가끔은 더블시트(Double Seat)가 나는 경우가 있는데, 더블시트는 한 좌석에 두 명의 승객이 좌석을 배정받는 경우이다. 이런 일이 발생하면 빠르게 지상직원과 컨택(Contact)하여 좌석을 새로 받아 모든 승객들이 좌석에 착석할 수 있도록 해야 한다. 또한 더블시트는 객실승무원의 잘못이 아니므로 당황하지 않도록 하고, 승객에게 죄송하다는 말씀을 먼저 드리고 사무장과 지상직원에게 빠르게 상황을 알리도록 한다. 탑승이 한창이라 앞으로 가서 지상직원이나 사무장을 컨택할 수 없을 경우에는 인터폰을 사용하여 업무를 신속히 처리하도록 한다.

CHAPTER

05

탑승서비스와 이륙준비
登机服务与起飞准备

对话1 登机服务(外套保管服务 - 商务舱)

乘务员 先生(or 律师先生)，您好，我来为您保管一下外套。

xiān sheng(or lǜ shī xiān sheng), nín hǎo, wǒ lái wèi nín bǎo guǎn yí xià wài tào.

乘客 好的，谢谢。

hǎo de, xiè xie.

乘务员 不客气，给您保管好外套以后，我会为您准备好饮料。

bú kè qi, gěi nín bǎo guǎn hǎo wài tào yǐ hòu, wǒ huì wèi nín zhǔn bèi hǎo yǐn liào.

乘客 好的。

hǎo de.

단어

先生 xiān sheng 명 선생, 씨(성인 남자에 대한 존칭) | 律师 lǜshī 명 변호사 | 为 wèi 개 ~에게, ~을 위하여 | 保管 bǎo guǎn 동 보관하다 | 外套 wài tào 명 외투 | 不客气 bú kè qi 천만에요 | 给 gěi 동개 주다, ~을 위하여 | 以后 yǐ hòu 명 이후 | 会 huì 동 ~할 것이다 | 准备 zhǔn bèi 동 준비하다 | 饮料 yǐn liào 명 음료수

탑승서비스(외투 보관서비스 - 비즈니스 클래스)

승무원 변호사님, 외투 보관해 드리겠습니다.

승객 네, 고마워요.

승무원 외투 보관 후 음료 준비해 드리겠습니다.

승객 네.

> 국내 대형 항공사에서는 비즈니스와 퍼스트 클래스에서 호칭 서비스를 제공하고 있다(SHR : Special Handling Request).

登机服务(外套保管服务 – 头等舱)

乘务员 先生(or 会长)，您好，您的便服准备好了。

xiān sheng(or huì zhǎng), nín hǎo, nín de biàn fú zhǔn bèi hǎo le.

乘客 好的，谢谢。

hǎo de, xiè xie.

乘务员 需要我为您保管一下外套吗？

xū yào wǒ wèi nín bǎo guǎn yí xià wài tào ma?

乘客 给你。

gěi nǐ.

乘务员 有需要拿出来的贵重物品吗？

yǒu xū yào ná chū lái de guì zhòng wù pǐn ma?

乘客 没有。

méi yǒu.

乘务员 好的，给您保管好外套以后，我会为您准备好饮料。

hǎo de, gěi nín bǎo guǎn hǎo wài tào yǐ hòu, wǒ huì wèi nín zhǔn bèi hǎo yǐn liào.

단어

会长 huì zhǎng 명 회장 | 便服 biàn fú 명 편의복 | 拿 ná 동 꺼내다 | 出来 chū lái 동 (안에서 밖으로) 나오다 | 贵重 guì zhòng 형 귀중하다, 중요하다

탑승서비스(외투 보관서비스 - 퍼스트 클래스)

대한항공의 경우 장거리 퍼스트클래스 승객에게 대한항공의 유니폼을 디자인한 세계적인 디자이너 지안프랑코 페레가 디자인한 편의복을 제공하고 있다.

승무원 회장님, 편의복 준비되어 있습니다.

승객 네, 고마워요.

승무원 외투 보관해 드릴까요?

승객 여기요.

승무원 귀중품 꺼내주시겠습니까?

승객 없어요.

승무원 그럼 외투 보관 후 음료 준비해 드리겠습니다.

对话2 登机服务(欢迎饮料服务 - 商务舱)

乘务员 先生(or 律师先生)，我们为您准备了饮料，请问您需要什么饮料？

xiān sheng(or lǜ shī xiān sheng), wǒ men wèi nín zhǔn bèi le yǐn liào, qǐng wèn nín xū yào shén me yǐn liào?

乘客 给我一杯橙汁。

gěi wǒ yì bēi chéng zhī.

乘务员 好的，这是您的橙汁。

hǎo de, zhè shì nín de chéng zhī.

단어

什么 shén me 대 무엇 | 杯 bēi 양 잔 | 橙汁 chéng zhī 명 오렌지주스

탑승서비스(웰컴 드링크 - 비즈니스 클래스)

승무원 변호사님 음료 드리겠습니다. 어떤 음료 준비해 드릴까요?

승객 오렌지주스 한 잔 주세요.

승무원 네, 여기 있습니다.

登机服务(欢迎饮料服务 - 头等舱)

乘务员 先生(or 会长)，这是为您准备的耳机。

xiān sheng(or huì zhǎng), zhè shì wèi nín zhǔn bèi de ěr jī.

乘客 谢谢。乘务员，给我一杯香槟。

xiè xie. chéng wù yuán, gěi wǒ yì bēi xiāng bīn.

乘务员 好的，马上为您准备好香槟。

hǎo de, mǎ shàng wèi nín zhǔn bèi hǎo xiāng bīn.

:

乘务员 先生(or 会长)，这是您要的香槟。

xiān sheng(or huì zhǎng), zhè shì nín yào de xiāng bīn.

乘客 谢谢。

xiè xie.

단어

耳机 ěr jī 명 헤드폰, 이어폰 | 香槟 xiāng bīn 명 샴페인 | 马上 mǎ shàng 부 곧, 즉시 | 要 yào 동 필요하다, 바라다, 원하다

탑승서비스(웰컴 드링크서비스 - 퍼스트 클래스)

승무원 회장님, 헤드폰 드리겠습니다.

승객 고마워요.
승무원, 샴페인 한 잔 주세요.

승무원 네, 샴페인 바로 준비해 드리겠습니다.

:

승무원 회장님 말씀하신 샴페인입니다.

승객 고마워요.

对话3 起飞准备(确认安全 & 紧急出口座位说明)

乘务员 您好，您坐的是紧急出口座位。

nín hǎo, nín zuò de shì jǐn jí chū kǒu zuò wèi.

紧急出口座位是在发生紧急情况时，协助我们乘务员并帮助其他乘客疏散的乘客所坐的座位。请问您同意吗？

jǐn jí chū kǒu zuò wèi shì zài fā shēng jǐn jí qíng kuàng shí, xié zhù wǒ men chéng wù yuán bìng bāng zhù qí tā chéng kè shū sàn de chéng kè suǒ zuò de zuò wèi. qǐng wèn nín tóng yì ma?

乘客 好的，我同意。

hǎo de, wǒ tóng yì.

乘务员 为了乘客们能够及时疏散，请您将所有的行李物品放在行李架上保管。

wèi le chéng kè men néng gòu jí shí shū sàn, qǐng nín jiāng suǒ yǒu de xíng li wù pǐn fàng zài xíng li jià shàng bǎo guǎn.

단어

紧急出口 jǐn jí chū kǒu 명 비상구 | 说明 shuō míng 명동 설명, 설명하다 | 坐 zuò 동 앉다 | 紧急 jǐn jí 형 긴급하다 | 情况 qíng kuàng 명 상황 | 协助 xié zhù 동 협조하다 | 帮助 bāng zhù 동 돕다 | 其他 qí tā 명 기타, 그 외 | 疏散 shū sàn 동 분산시키다 | 所 suǒ 조 ~하는 바 | 请问 qǐng wèn 잠깐 여쭙겠습니다. | 同意 tóng yì 동 동의하다 | 能够 néng gòu 동 ~할 수 있다 | 及时 jí shí 부 즉시, 곧바로, 신속히 | 所有 suǒ yǒu 형 모든 | 把 bǎ 개 ~을/를 | 感谢 gǎn xiè 동 감사하다 | 配合 pèi hé 동 협동하다 | 阅读 yuè dú 동 읽다 | 本 běn 양 권 | 手册 shǒu cè 명 책자 | 关于 guān yú 개 ~에 관해서, ~에 관한 | 详细 xiáng xì 형 상세하다 | 知道 zhī dào 동 알다

乘客 好的，我会把行李放在行李架上的。

hǎo de, wǒ huì bǎ xíng li fàng zài xíng li jià shàng de.

乘务员 感谢您的配合。请您阅读一下这本手册上关于紧急出口的详细说明。

gǎn xiè nín de pèi hé. qǐng nín yuè dú yí xià zhè běn shǒu cè shàng guān yú jǐn jí chū kǒu de xiáng xì shuō míng.

乘客 好的，我知道了。

hǎo de, wǒ zhī dào le.

이륙준비(안전/보안 체크 & 비상구 좌석 안내)

승무원 안녕하십니까? 지금 앉아계신 좌석은 비상구 좌석입니다. 비상구 좌석은 응급상황 발생 시 저희 승무원들을 도와 다른 승객의 탈출을 돕는데 동의하시는 승객이 앉으실 수 있는 좌석입니다. 동의하십니까?

승객 네, 동의합니다.

승무원 비상구 좌석은 비상 시 승객들의 대피를 위하여 짐은 모두 좌석 위쪽 선반에 보관해 주셔야 합니다.

승객 네, 짐은 선반에 올리도록 하겠습니다.

승무원 협조해 주셔서 감사합니다. 비상구 좌석에 대한 자세한 안내 사항은 이 책자를 읽어보아 주시기 바랍니다.

승객 네, 알겠습니다.

1. 결과보어 好

동사 뒤에서 동작이나 행위의 결과를 설명하는 보어를 결과보어라고 한다. 일반적으로 동사나 형용사가 결과보어로 쓰이며, 그 중 '好'는 동작이 원만한 상태도 끝났음을 나타낸다.

请您在座位上坐好。

qǐng nín zài zuò wèi shàng zuò hǎo.

请您系好安全带。

qǐng nín jì hǎo ān quán dài.

您的便服准备好了。

nín de biàn fú zhǔn bèi hǎo le.

2. 조사 了

'了'는 어기조사와 동태조사 두 가지로 쓰인다. 부정형은 동사 앞에 '没(有)'를 붙이고, '了'를 뺀다.

(1) 어기조사 : 보통 문장 끝에 쓰여, 상태의 변화를 나타낸다.

昨天我去首尔了。

zuó tiān wǒ qù shǒu ěr.

您要的红酒已经准备好了。

nín yào de hóng jiǔ yǐ jīng zhǔn bèi hǎo le.

(2) 동태조사 : 보통 동사 뒤에 쓰여, 동작의 완료를 나타낸다.

我给侄子买了一份礼物。

wǒ gěi zhí zi mǎi le yí fèn lǐ wù.

那位乘客要了一杯咖啡。

nà wèi chéng kè yào le yì bēi kā fēi.

(3) 부정형

昨天我没有去首尔。

zuó tiān wǒ méi yǒu qù shǒu ěr.

那位乘客没有要咖啡。

nà wèi chéng kè méi yǒu yào kā fēi.

3. 개사 为

'为'는 '~에게', '~을 위하여'의 의미로 행위의 대상을 나타낸다. '为'는 '为了'와 같은 의미로 쓰이지만 '为了'보다 의미가 더 넓다.

这是为您准备的耳机。

zhè shì wèi nín zhǔn bèi de ěr jī.

我会为您准备好饮料。

wǒ huì wèi nín zhǔn bèi hǎo yǐn liào.

보충단어

昨天 zuó tiān 명 어제

1. 这是为您准备的 ______ 。이것은 (손님)을 위해 준비한 ~입니다.
zhè shì wèi nín zhǔn bèi de

(1) 耳机 ěr jī

(2) 热毛巾 rè máo jīn

(3) 拖鞋 tuō xié

(4) 洗漱包 xǐ shù bāo

(5) 便服 biàn fú

2. 给我一杯 ______ 。~한 잔 주세요.
gěi wǒ yì bēi

(1) 香槟 xiāng bīn

(2) 可乐 kě lè

(3) 橙汁 chéng zhī

(4) 红酒 hóng jiǔ

(5) 咖啡 kā fēi

3. 这是您要的 ______ 。(손님)말씀하신 ~입니다.
zhè shì nín yào de

(1) 香槟 xiāng bīn

(2) 可乐 kě lè

(3) 橙汁 chéng zhī

(4) 红酒 hóng jiǔ

(5) 咖啡 kā fēi

4. 感谢您的 ______ 。~해 주셔서 감사합니다.
gǎn xiè nín de

(1) 配合 pèi hé

(2) 谅解 liàng jiě

(3) 理解 lǐ jiě

(4) 帮助 bāng zhù

1. 다음 문장에 알맞은 병음과 성조를 쓰고 한국어로 해석하세요.

(1) 有需要拿出的贵重物品吗？

병음과 성조 : ______________________________

해　　석 : ______________________________

(2) 我会为您送上热毛巾。

병음과 성조 : ______________________________

해　　석 : ______________________________

(3) 这是您要的香槟。

병음과 성조 : ______________________________

해　　석 : ______________________________

(4) 感谢您的配合。

병음과 성조 : ______________________________

해　　석 : ______________________________

2. 다음 보기의 단어를 이용하여 빈 칸을 채우세요.

【보기】 为　　了　　好

(1) 请您在座位上坐（　　　）。

(2) 您要的红酒已经准备好（　　　）。

(3) 我会（　　　）您准备好饮料。

3. 다음 주어진 단어를 어순에 맞게 배열하세요.

(1) 了　准备　便服　的　好　您

문장 : ______________________________

(2) 耳机　准备　为　是　您　的　这

문장 : ______________________________

(3) 什么　需要　请　您　问　饮料

문장 : ______________________________

(4) 座位　您　的　紧急出口　坐　是

문장 : ______________________________

요즘 우리나라 항공사에서는 국제선 노선에 한하여 같은 등급의 좌석이라 할지라도 좌석의 여유 공간 유무에 따라 비용을 추가로 지불하고 앉아야 하는 좌석이 생기고 있는 추세이다. 선호 좌석이라는 이름으로 특정 좌석에 앉기 위해서는 추가로 비용을 더 지불해야 하는 서비스로, 이코노미 클래스에서 좌석 공간이 더 여유로운 좌석을 선택할 경우를 말하며, 대개 이코노미 클래스의 각 구역별로 가장 앞열에 위치하고 있다.[1] 비용은 노선별로 그리고 항공사별로 상이하다.

비상구 좌석은 국토교통부 운항기술 기준에 따라 비상구 접근통로의 장애물이 없어야 하고 폭이 최소 20인치는 되어야 한다고 고시되어 있다. 비상구 접근통로가 장애물이 없고 폭도 좁지 않아야 승객들이 쉽게 탈출할 수 있기 때문에 비상구 좌석은 여유 공간이 있을 수밖에 없는 것이다.

항공사에서 좌석에 추가 비용을 받기 전에는 몸이 큰 승객은 이코노미 클래스의 좌석이 불편하여 사전에 비상구 좌석을 요청하는 경우가 종종 있었다. 그러면 지상직원은 요청한 승객에게 비상구 좌석을 제공했으나 비상구 좌석의 여유 공간으로 인한 편리함은 이제는 비용을 지불하고 구매하게 되었다. 하지만 비상구 좌석은 비용만 지불한다고 아무나 앉을 수 있는 좌석이 아니다. 왜냐하면 비상 시 승무원을 도와 승객의 대피를 도와야 하는 의무를 가지기 때문이다. 그러므로 비상구 좌석에 앉게 되는 승객은 비상구 좌석에 대한 의무가 있다는 것을 알고 이에 동의하는 승객만 앉을 수 있다. 비상구에 앉은 승객은 비상 시 승객들이 비상구 좌석 앞 여유 공간을 통해 비상탈출을 도울 수 있게 해야 하므로 바닥에는 절대 짐을 놓을 수 없다. 모든 짐은 오버헤드 빈(Over Head-bin)에 올려서 보관해야 함을 숙지하여 비상탈출 시 짐이 다리에 걸리는 일이 없도록 짐 보관에도 특별히 신경을 써야 한다.

짐은 비상구 좌석뿐만 아니라 모든 좌석의 승객들이 정해진 장소에 보관해야 한다. 비행기는 언제 발생할지 모르는 터뷸런스(Turbulence)에 대비하여 짐이 고정될 수 있는 곳에 보관한다. 또한 오버헤드 빈은 이 · 착륙 시 문을 확실하게 닫지 않으면 중간에 열리는 경우가 많다. 그렇게 되면 무거운 짐이 떨어져 오버헤드 빈 바로 밑에 앉은 승객의 머리로 떨어질 수도 있다. 예비승무원들은 비행을 할 때 이 점을 명심하여 체크에 체크를 거듭해야 할 것이다.

1 신정은, "[신기자의 비행기 꿀팁]⑦비상구 좌석에 숨겨진 비밀", 이데일리, 2016년 9월 24일(http://www.edaily.co.kr/news/)

CHAPTER

06

음료서비스
饮料服务

对话1 饮料服务(经济舱)

乘务员 您好，我们为您准备了餐前饮料。请问您需要什么饮料？

nín hǎo, wǒ men wèi nín zhǔn bèi le cān qián yǐn liào. qǐng wèn nín xū yào shén me yǐn liào?

乘客 给我一杯可乐。

gěi wǒ yì bēi kě lè.

乘务员 您需要加冰块吗？

nín xū yào jiā bīng kuài ma?

乘客 好的。

hǎo de.

乘务员 这是您的加冰可乐，请慢用。

zhè shì nín de jiā bīng kě lè, qǐng màn yòng.

단어

餐前 cān qián 명 식사 전 | 可乐 kě lè 명 콜라 | 加 jiā 동 넣다, 첨가하다 | 冰块 bīng kuài 명 얼음

음료서비스(이코노미 클래스)

승무원 식사 전에 음료 먼저 준비해 드리겠습니다. 어떤 음료 드릴까요?

승객 콜라 주세요.

승무원 얼음도 같이 넣어드릴까요?

승객 네.

승무원 말씀하신 콜라 드리겠습니다. 시원하게 드십시오.

对话2 饮料服务(商务舱)

乘务员 您好，我们为您准备了餐前饮料，有红酒、香槟、碳酸饮料和果汁。

nín hǎo, wǒ men wèi nín zhǔn bèi le cān qián yǐn liào, yǒu hóng jiǔ, xiāng bīn, tàn suān yǐn liào hé guǒ zhī.

乘客 请给我一杯红酒。

qǐng gěi wǒ yì bēi hóng jiǔ.

乘务员 有波尔多红酒和加利福尼亚红酒，请问您需要哪一种？

yǒu bō ěr duō hóng jiǔ hé jiā lì fú ní yà hóng jiǔ, qǐng wèn nín xū yào nǎ yī zhǒng?

乘客 波尔多红酒。

bō ěr duō hóng jiǔ.

乘务员 好的，您需要先品尝一下吗？

hǎo de, nín xū yào xiān pǐn cháng yí xià ma?

단어

红酒 hóng jiǔ 명 레드와인 | 碳酸饮料 tàn suān yǐn liào 명 탄산음료 | 果汁 guǒ zhī 명 주스 | 波尔多 bō ěr duō 명 보르도 | 加利福尼亚 jiā lì fú ní yà 명 캘리포니아 | 种 zhǒng 양 종류 | 品尝 pǐn cháng 동 맛보다 | 不用 bú yòng 동 ~할 필요가 없다 | 直接 zhí jiē 명형 직접(의), 직접적(인) | …就行 jiù xíng ~면 되다 | 稍等 shāo děng 동 잠깐 기다리다

乘客　不用了，直接给我就行。

bú yòng le, zhí jiē gěi wǒ jiù xíng.

乘务员　好的，请稍等！

hǎo de, qǐng shāo děng!

음료서비스(비즈니스 클래스)

승무원　식사 전에 음료 준비해 드리겠습니다. 식전 와인과 샴페인 그리고 다양한 탄산음료와 주스가 있습니다.

승객　레드와인 한 잔 주세요.

승무원　레드와인은 보르도산과 캘리포니아산이 있습니다. 어떤 와인으로 하시겠습니까?

승객　보르도산이요.

승무원　네, 시음하시겠습니까?

승객　아니요, 그냥 주세요.

승무원　네, 알겠습니다.

饮料服务(头等舱 - 乘客需要的情况)

乘务员 先生(or 会长)，请问您需要什么饮料？

xiān sheng(or huì zhǎng), qǐng wèn nín xū yào shén me yǐn liào?

乘客 给我一杯啤酒吧。

gěi wǒ yì bēi pí jiǔ ba.

乘务员 好的，您需要哪一种啤酒？

hǎo de, nín xū yào nǎ yī zhǒng pí jiǔ?

乘客 百威吧。

bǎi wēi ba.

乘务员 好的。

hǎo de.

:

乘务员 先生(or 会长)，我来帮您放置一下小桌板。啤酒和澳大利亚坚果您要一起用吗？

xiān sheng(or huì zhǎng), wǒ lái bāng nín fàng zhì yí xià xiǎo zhuō bǎn. pí jiǔ hé ào dà lì yà jiān guǒ nín yào yì qǐ yòng ma?

단어

啤酒 pí jiǔ 명 맥주 | 百威 bǎi wēi 명 버드와이저 | 吧 ba 조 구말에 쓰여 동의 또는 승낙의 어기를 나타냄 | 帮 bāng 동 돕다 | 小桌板 xiǎo zhuō bǎn 명 테이블 | 澳大利亚坚果 ào dà lì yà jiān guǒ 명 마카다미아 | 用 yòng 동 드시다(먹다, 마시다의 존칭)

乘客 给我啤酒就行。

gěi wǒ pí jiǔ jiù xíng.

乘务员 好的，请慢用。

hǎo de, qǐng màn yòng.

음료서비스(퍼스트 클래스 - 승객이 원할 경우)

승무원 회장님 무엇을 도와드릴까요?

승객 맥주 한 잔 주세요.

승무원 네, 알겠습니다. 어떤 맥주 드시겠습니까?

승객 버드와이저요.

승무원 네, 알겠습니다.

:

승무원 회장님, 테이블 펴드리겠습니다. 맥주와 마카다미아 같이 드시겠습니까?

승객 맥주만 주세요.

승무원 네, 알겠습니다. 시원하게 드십시오.

1. 대명사 哪

'哪'는 '어느, 어떤'의 의미로 그 뒤에 양사나 수량사를 쓰인다.

您是哪国人？

nín shì nǎ guó rén?

您需要哪种红酒？

nín xū yào nǎ zhǒng hóng jiǔ?

您喜欢哪款香水？

nín xǐ huan nǎ kuǎn xiāng shuǐ?

2. 부사 先

'先'는 '먼저, 우선'의 의미이다. 일반적으로 '先……，然后……'로 연속되는 동작이나 상황의 선 · 후 관계를 내타내는 표현이며, '먼저~ 한 후에 ~한다'의 의미를 나타낸다.

您需要先品尝一下吗？

nín xū yào xiān pǐn cháng yí xià ma?

您先试一下吧。

nín xiān shì yí xià ba.

您先办理登机手续，然后去托运行李。

nín xiān bàn lǐ dēng jī shǒu xù, rán hòu qù tuō yùn xíng li.

我们先去上海，然后转机去巴黎。

wǒ men xiān qù shàng hǎi, rán hòu zhuǎn jī qù bā lí.

3. ……就行

'~면 된다'의 의미로 문장 끝에 쓰인다.

你直接给我就行。

nǐ zhí jiē gěi wǒ jiù xíng.

我看一下就行。

wǒ kàn yí xià jiù xíng.

你去问一问就行。

nǐ qù wèn yi wèn jiù xíng.

4. 어기조사 吧

'吧'는 문장 맨 끝에 쓰여 상의, 청구, 명령, 추측 등의 어기를 나타낸다.

我们一起去看电影吧。(상의)

wǒ men yì qǐ qù kàn diàn yǐng ba.

您帮我一下吧。(청구)

nín bāng wǒ yí xià ba.

给我一杯啤酒吧。(명령)

gěi wǒ yì bēi pí jiǔ ba.

可能是耳机出故障了吧。(추측)

kě néng shì ěr jī chū gù zhàng le ba.

보충단어

办理 bàn lǐ 동 처리하다 | 手续 shǒu xù 명 수속 | 上海 shàng hǎi 명 상해 | 巴黎 bā lí 명 파리 | 问 wèn 동 묻다, 질문하다

1. 我们为您准备了 ______ 。(손님)을 위해 ~을 준비했습니다.
wǒ men wèi nín zhǔn bèi le

(1) 餐前饮料 cān qián yǐn liào

(2) 餐后甜点 cān hòu tián diǎn

(3) 咖啡 kā fēi

(4) 小零食 xiǎo líng shí

2. 您需要先 ______ 一下吗？ 먼저 ~하시겠습니까?
nín xū yào xiān yí xià ma

(1) 品尝 pǐn cháng

(2) 看 kàn

(3) 试 shì

(4) 选 xuǎn

3. 您需要哪一种 ______ ？ 어떤 ~을 드릴까요?
nín xū yào nǎ yī zhǒng

(1) 饮料 yǐn liào

(2) 啤酒 pí jiǔ

(3) 红酒 hóng jiǔ

(4) 款式 kuǎn shì

(5) 颜色 yán sè

1. 다음 문장에 알맞은 병음과 성조를 쓰고 한국어로 해석하세요.

(1) 我们为您准备了餐前饮料。

병음과 성조 : ______________________________

해　　석 : ______________________________

(2) 您需要加冰块吗？

병음과 성조 : ______________________________

해　　석 : ______________________________

(3) 我们先去上海，然后转机去巴黎。

병음과 성조 : ______________________________

해　　석 : ______________________________

(4) 您需要哪种红酒？

병음과 성조 : ______________________________

해　　석 : ______________________________

2. 다음 보기의 단어를 이용하여 빈 칸을 채우세요.

【보기】 哪　　先　　就行　　吧

(1) 我们一起去看电影（　　　）。

(2) 您（　　　）办理登机手续，然后去托运行李。

(3) 您喜欢（　　　）一款香水？

(4) 直接打开（　　　）吗？

3. 다음 주어진 단어를 어순에 맞게 배열하세요.

(1) 您　吗　韩国人　是

문장 : ____________________

(2) 需要　品尝　吗　一下　先　您

문장 : ____________________

(3) 帮　来　放置　小桌板　您　一下　我

문장 : ____________________

(4) 给　请　我　一杯　吧　啤酒

문장 : ____________________

 STORY 04

대한항공에서는 기내식사 제공 시 와인을 함께 제공하고 있다. 좌석 등급에 따라 이코노미 클래스는 레드와인 1종과 화이트와인 1종을 제공하지만, 퍼스트 클래스의 경우에는 15종을 포함 전체 클래스에 49종의 와인을 서비스하고 있다.[2] 뿐만 아니라 대한항공은 노선별로 상이한 와인을 제공한다. 예를 들면, 인천-파리 구간에서는 프랑스산 와인을, 인천-LA 노선에서는 캘리포니아산 와인을 제공하여 목적지에 도착하기 전 기내에서 목적지의 와인을 감상할 수 있게 한다. 대한항공은 총 11개국의 다양한 와인을 제공하는데, 승객은 메인 메뉴와 와인을 취향에 맞게 즐길 수 있도록 승무원이 와인 시음을 돕고 와인을 추천해주며 와인의 설명서비스까지 제공해준다. 또한 상위 클래스는 고급 샴페인인 페리에 쥬에(Perrier-Jouët)를 탑승 시 웰컴 드링크로 제공한다.

최근 런던에서 열린 '2017 천상의 와인경연대회(Cellars in the Sky Award)'에서 대한항공은 비즈니스 클래스 부문에서 레드와인 '하셀그로브 캣킨 시라즈(Haselgrove Catkin Shiraz 2014)'로 1위, 퍼스트 부문에서 레드와인 '샤토 드 테르트르(Chateau Du Tertre 2007)'로 3위를 차지했다고 한다. '천상의 와인경연'은 세계 최고 권위를 인정받는 기내 와인대회로 글로벌 항공사들이 대거 참여한다. 매년 10월 각 항공사의 퍼스트와 비즈니스 클래스에서 제공하는 와인들을 출품하여 경합을 펼치고, 이듬해 2월에 수상 결과를 발표한다. 총 30여 개 항공사가 400여 종의 와인을 출품했고, 이런 큰 대회에서 대한항공은 비즈니스 클래스 레드와인 1위와 퍼스트 클래스 레드와인 3위를 차지한 것이다. 상위 클래스에서 근무하다 보면 승객이 와인에 대해 묻거나 와인을 추천해달라고 하는 경우가 많이 있다. 그러므로 승무원들은 기본적인 와인에 대한 지식이 있어야 승객을 응대할 수 있으므로 회사의 와인 교육 외에 따로 와인에 대해서 공부를 해둔다면 승객응대 시 어려움 없이 응대할 수 있을 것이다. 뿐만 아니라 항공사에서 상을 받은 와인들이 있다면 승객응대 시 적극적으로 자사에서 제공하는 와인의 우수성을 알리는 것도 좋은 응대 방법이 될 수 있을 것이다.

2 김기성, "대한항공 기내와인에 세계인들 흠뻑", 인천일보, 2018년 2월 23일(http://www.incheonilbo.com/news/)

항공서비스
실무중국어

CHAPTER

07

기내식서비스
用餐服务

对话1 用餐服务(经济舱)

乘务员 您好，现在为您供餐。今天为您准备了拌饭，西式土豆和牛肉，中式炒饭和鸡肉。您需要哪一种？

nín hǎo, xiàn zài wèi nín gōng cān. jīn tiān wèi nín zhǔn bèi le bàn fàn, xī shì tǔ dòu hé niú ròu, zhōng shì chǎo fàn hé jī ròu. nín xū yào nǎ yī zhǒng?

乘客 我要一份拌饭。

wǒ yào yí fèn bàn fàn.

乘务员 好的。这是您要的拌饭，海带汤有点儿烫，请小心慢用。

hǎo de. zhè shì nín yào de bàn fàn, hǎi dài tāng yǒu diǎnr tàng, qǐng xiǎo xīn màn yòng.

乘客 谢谢。

xiè xie.

단어

供 gōng 동 제공하다 | 拌饭 bàn fàn 명 비빔밥 | 西式 xī shì 명 양식 | 土豆 tǔ dòu 명 감자 | 牛肉饭 niú ròu fàn 명 소고기밥 | 中式 zhōng shì 명 중식 | 炒饭 chǎo fàn 명 볶음밥 | 鸡肉 jī ròu 명 닭고기 | 料理 liào lǐ 명 요리 | 海带汤 hǎi dài tāng 명 미역국 | 有点儿 yǒu diǎnr 좀 | 烫 tàng 형 뜨겁다 | 小心 xiǎo xīn 동 조심하다

기내식서비스(이코노미 클래스)

승무원 식사 준비해 드리겠습니다. 비빔밥과 양식으로 감자 소고기, 그리고 중식으로 볶음밥과 닭고기요리가 있습니다. 어떤 것으로 드릴까요?

승객 비빔밥 주세요.

승무원 네, 비빔밥 먼저 드리겠습니다. 미역국이 뜨겁습니다. 조심하십시오. 맛있게 드십시오.

승객 네.

对话2 用餐服务(商务舱 & 头等舱)

乘务员 您好，现在可以为您点餐，今天为您准备了拌饭、牛排和海鲜意大利面，您喜欢哪一种？

nín hǎo, xiàn zài kě yǐ wèi nín diǎn cān, jīn tiān wèi nín zhǔn bèi le bàn fàn, niú pái hé hǎi xiān yì dà lì miàn, nín xǐ huan nǎ yī zhǒng?

乘客 给我一份牛排吧。

gěi wǒ yí fèn niú pái ba.

乘务员 牛排您想要几分熟的？

niú pái nín xiǎng yào jǐ fēn shú de?

乘客 五分熟的。

wǔ fēn shú de.

乘务员 好的。马上为您准备五分熟的牛排，请稍等。

hǎo de. mǎ shàng wèi nín zhǔn bèi wǔ fēn shú de niú pái, qǐng shāo děng.

단어

点餐 diǎn cān 동 주문하다 | 牛排 niú pái 명 스테이크 | 海鲜意大利面 hǎi xiān yì dà lì miàn 명 해산물 파스타 | 喜欢 xǐ huan 동 좋아하다 | 想 xiǎng 조동 바라다, 원하다 | 几 jǐ 수 몇 | 五分熟 wǔ fēn shú 명 미디엄, 반숙

기내식서비스(비즈니스 & 퍼스트 클래스)

승무원 식사 주문 받겠습니다. 비빔밥과 스테이크 그리고 해산물 파스타 준비 되어 있습니다. 어떤 것으로 드시겠습니까?

승객 스테이크 주세요.

승무원 스테이크는 어떻게 구워드릴까요?

승객 미디엄으로 구워주세요.

승무원 네, 스테이크 미디엄으로 맛있게 준비해 드리겠습니다.

퍼스트 클래스는 식사시간이 정해져 있지 않고 승객이 식사를 요청하면 식사를 제공한다. 이를 인디비듀얼 서비스(Individual Service)라고 한다.

1. 有点儿 & (一)点儿

'有点儿'는 '조금, 약간'의 의미로 주로 동사 혹은 형용사의 앞에서 부사어로 쓰이며, 정도가 경미함을 나타낸다. 그러나 형용사 앞에 쓰일 때에는 대부분 어떤 것에 대한 평가가 만족스럽지 않다는 의미를 나타낸다. '(一)点儿'는 양사로서 양이 적음을 나타내고, 주로 명사를 수식한다.

⑴ 有点儿

海带汤有点儿烫。

hǎi dài tāng yǒu diǎnr tàng.

这款香水有点儿贵。

zhè kuǎn xiāng shuǐ yǒu diǎnr guì.

您的行李有点儿超重了。

nín de xíng li yǒu diǎnr chāo zhòng le.

⑵ (一)点儿

我想给妈妈买(一)点儿礼物。

wǒ xiǎng gěi mā ma mǎi (yì) diǎnr lǐ wù.

他喝了(一)点儿咖啡。

tā hē le (yì) diǎnr kā fēi.

2. 조동사 想

'想'은 동사술어 앞에 위치하며, '~하고 싶다'의 의미로 쓰인다. '想'의 부정형은 '不想'이다.

您想喝什么饮料？

nín xiǎng hē shén me yǐn liào?

我想要一杯可乐。

wǒ xiǎng yào yì bēi kě lè.

您想要左边的这款吗？

nín xiǎng yào zuǒ bian de zhè kuǎn ma?

我不想买这种颜色的口红。

wǒ bù xiǎng mǎi zhè zhǒng yán sè de kǒu hóng.

3. 의문대사 几

'几'는 주로 10 이하의 확실하지 않은 수를 물을 때 쓰이며, 그 이상의 수를 물을 경우에는 '多少'를 쓴다.

本次航班有几名儿童乘客？

běn cì háng bān yǒu jǐ míng ér tóng chéng kè?

您需要几套这款化妆品？

nín xū yào jǐ tào zhè kuǎn huà zhuāng pǐn?

机上有多少位韩国乘客？

jī shàng yǒu duō shao wèi hán guó chéng kè?

4. 구조조사 的

중심어가 없는 '的'자는 구조를 이루어 명사화하는데 쓰여, '~의 것, ~한 것'의 의미로 나타낸다.

这个行李箱是我的。

zhè ge xíng li xiāng shì wǒ de.

我想要红色的。

wǒ xiǎng yào hóng sè de.

牛排是五分熟的。

niú pái shì wǔ fēn shú de.

보충단어

超重 chāo zhòng 동 중량을 초과하다 | 颜色 yán sè 명 색깔 | 红色 hóng sè 빨간색

1. 现在为您提供 ______ 。~준비해 드리겠습니다.
xiàn zài wèi nín tí gōng

(1) 餐前饮料 cān qián yǐn liào

(2) 餐点 cān diǎn

(3) 午餐 wǔ cān

(4) 饮料 yǐn liào

(5) 餐后甜点 cān hòu tián diǎn

2. 今天为您准备了 ______ 。오늘 ~(메뉴) 준비되어 있습니다.
jīn tiān wèi nín zhǔn bèi le

(1) 韩式拌饭 hán shì bàn fàn

(2) 土豆牛肉饭 tǔ dòu niú ròu fàn

(3) 中式鸡肉炒饭 zhōng shì jī ròu chǎo fàn

1. 다음 문장에 알맞은 병음과 성조를 쓰고 한국어로 해석하세요.

(1) 今天为您准备了韩国拌饭。

병음과 성조 : ____________________

해　　석 : ____________________

(2) 海带汤有点儿烫，请小心慢用。

병음과 성조 : ____________________

해　　석 : ____________________

(3) 现在可以为您点餐。

병음과 성조 : ____________________

해　　석 : ____________________

(4) 牛排您想要几分熟的？

병음과 성조 : ____________________

해　　석 : ____________________

2. 다음 보기의 단어를 이용하여 빈 칸을 채우세요.

【보기】儿　的　想　有点儿　一点儿

(1) 这个汤（　　　）凉了。[凉 liáng，차갑다]

(2) 我喝了（　　　）咖啡。

(3) 我（　　　）要一杯橙汁。

(4) 本次航班有（　　　）名儿童乘客？

(5) 这个手机是我（　　　）。

3. 다음 주어진 단어를 어순에 맞게 배열하세요.

(1) 香水　款　有点儿　这　贵

문장 : ______________________________

(2) 行李箱　这　我的　是　个

문장 : ______________________________

(3) 多少　机上　韩国　位　乘客　有

문장 : ______________________________

경제적인 풍요로움은 여가시간의 증대와 함께 여행을 촉진시키고 있다. 그래서인지 TV프로그램에서도 여행에 관한 프로그램이 우후죽순 생겨 여행을 더욱 부추긴다. 여행준비를 하면서 인터넷 서치를 하다보면 쉽게 볼 수 있는 것 중 하나가 바로 기내식 사진이다. 많은 사람들이 기내에서 자신들이 제공받은 기내식을 사진까지 찍어 많은 사람들과 공유하려 한다는 것 자체가 기내식에 대한 관심이 높기 때문에 그런 것이라 생각된다. 그렇다면 기내식에 대해 깊이 있게 알아보면 기내에서 제공되는 기내식은 비행시간에 따라 제공 횟수가 정해지고 노선별로도 메뉴가 상이하다. 또한 제철 식재료로 기내식을 제공하기 위하여 주기적으로 메뉴가 바뀌고, 현지 출발시간에 따라 기내식이 제공된다. 항공사에서는 일방적으로 메뉴를 설정하여 기내식을 제공하는 것 같지만 승객의 종교나 건강상태, 체질, 나이 등에 따라 다양한 식단을 제공하고 있다. 하지만 이런 다양한 식단을 제공받기 위해서는 항공사에서 지정한 날짜 전까지는 신청을 해야 기내에서 특별식을 제공받을 수 있다. 대한항공은 비빔밥을 1998년도에 처음 기내식으로 제공하면서 기내식 부문의 오스카상으로 불리는 머큐리상 대상을 받아 우리나라 기내식의 큰 획을 그었으며, 아시아나항공은 영양쌈밥을 기내식으로 개발하여 대한항공에 이어 두 번째로 머큐리상을 수상하였다. 비행기를 탈 때 여행에 대한 설렘뿐만 아니라 기내식에 대한 기대감도 크기 때문에, 항공사에서는 기내식에 많은 신경을 쓰지만 막상 기내식을 먹으면 그다지 맛이 없다고 느끼는 사람이 많다. 그 이유는 소음이 증가할수록 음식의 맛을 제대로 느끼지 못하기 때문이라고 한다. 그동안 먹었던 기내식이 왜 맛이 없었는지 조금은 알 수 있을 것 같다.[3]

승객 중 종교상 혹은 체질상 다양한 이유로 특별식(Special Meal)을 요청한 경우, 객실승무원은 밀 서비스 시 해당승객에게 찾아가 본인임을 확인하고 특별식을 확인시켜 드린 후 제공해야 한다. 승객이 종교상의 이유로 먹지 못하는 음식을 제공하는 실수를 범한다면 정말 아찔할 것이다. 또한 알레르기 등을 이유로 특별식을 주문했는데, 실수로 일반 기내식을 건넨다면 그 승객은 큰 위험에 처할 수도 있으므로 밀 서비스 시 객실 승무원은 승객과 기내식을 확실하게 체크한 후 기내식이 전달되도록 정확한 서비스를 제공해야 할 것이다.

3 이양주, "기내식이 맛없는 이유", 내일신문, 2018년 9월 20일(http://www.naeil.com/news_view/)

CHAPTER

08

엔터테인먼트서비스
娱乐服务

对话1 娱乐服务(说明使用方法)

乘客 不好意思，我想看电影，这个屏幕怎么打开呢？

bù hǎo yì si, wǒ xiǎng kàn diàn yǐng, zhè ge píng mù zěn me dǎ kāi ne?

乘务员 您好，这是触摸屏，您只要触摸屏幕就可以看了。

nín hǎo, zhè shì chù mō píng, nín zhǐ yào chù mō píng mù jiù kě yǐ kàn le.

乘客 这样啊。遥控器怎么用也告诉我一下吧。

zhè yàng a. yáo kòng qì zěn me yòng yě gào su wǒ yí xià ba.

乘务员 用遥控器可以调节方向和音量，还可以呼叫乘务员，这是呼叫乘务员的按钮。

yòng yáo kòng qì kě yǐ tiáo jié fāng xiàng hé yīn liàng, hái kě yǐ hū jiào chéng wù yuán, zhè shì hū jiào chéng wù yuán de àn niǔ.

단어

不好意思 bù hǎo yì si 형 실례하다 | 看 kàn 동 보다 | 电影 diàn yǐng 명 영화 | 怎么 zěn me 대 어떻게 | 打开 dǎ kāi 동 켜다 | 屏幕 píng mù 명 스크린 | 触摸屏 chù mō píng 명 터치스크린 | 只要…就… zhǐ yào...jiù... 접 ~하면 ~되다 | 触摸 chù mō 동 터치를 하다 | 这样 zhè yàng 대 이렇다 | 啊 a 조 문장의 끝에 쓰여 감탄 따위의 어세를 도움 | 遥控器 yáo kòng qì 명 리모컨 | 用 yòng 동 쓰다 | 告诉 gào su 동 알리다 | 调节 tiáo jié 동 조절하다 | 方向 fāng xiàng 명 방향 | 音量 yīn liàng 명 음량 | 还 hái 부 또 | 呼叫 hū jiào 동 호출하다 | 按钮 àn niǔ 명 버튼 | 使用 shǐ yòng 동 사용하다 | 方法 fāng fǎ 명 방법 | 参考 cān kǎo 동 참고하다 | 口袋 kǒu dài 명 주머니 | 使用手册 shǐ yòng shǒu cè 명 안내책자

乘客　好的。

hǎo de.

乘务员　详细的使用方法您可以参考座位口袋里的使用手册。

xiáng xì de shǐ yòng fāng fǎ nín kě yǐ cān kǎo zuò wèi kǒu dài lǐ de shǐ yòng shǒu cè.

乘客　谢谢。

xiè xie.

엔터테인먼트서비스(기기 작동법 안내)

승객　실례합니다. 영화를 보려고 하는데 스크린을 어떻게 켜죠?

승무원　네, 이 스크린은 터치스크린으로 터치를 하시면 보실 수 있습니다.

승객　그렇군요. 리모컨 사용법도 알 수 있을까요?

승무원　리모컨으로는 방향 조절과 음량 조절, 그리고 승무원을 부를 수 있는 콜 버튼이 있습니다.

승객　네.

승무원　자세한 작동방법은 좌석 앞주머니의 안내책자를 참고하시면 편리하게 이용하실 수 있습니다.

승객　고맙습니다.

对话2 娱乐服务(系统问题)

乘客 乘务员！

chéng wù yuán!

乘务员 您好，您需要什么帮助？

nín hǎo, nín xū yào shén me bāng zhù?

乘客 我这里看不了电影，屏幕打不开。

wǒ zhè lǐ kàn bu liǎo diàn yǐng, píng mù dǎ bu kāi.

乘务员 好的，我先帮您确认一下。

hǎo de, wǒ xiān bāng nín què rèn yí xià.

:

乘务员 您好，好像暂时遇到了一些系统问题，我帮您恢复一下控制系统。很抱歉给您带来不便，请稍等一下。

nín hǎo, hǎo xiàng zàn shí yù dào le yì xiē xì tǒng wèn tí, wǒ bāng nín huī fù yí xià kòng zhì xì tǒng. hěn bào qiàn gěi nín dài lái bú biàn, qǐng shāo děng yí xià.

乘客 请快点儿处理一下。

qǐng kuài diǎnr chǔ lǐ yí xià.

乘务员 好的。

hǎo de.

:

:

乘务员 很抱歉让您久等了，已经恢复成功了，大概10分钟以后就会打开。等待的过程中需要为您准备报纸或者杂志吗？

hěn bào qiàn ràng nín jiǔ děng le, yǐ jīng huī fù chéng gōng le, dà gài shí fēn zhōng yǐ hòu jiù huì dǎ kāi. děng dài de guò chéng zhōng xū yào wèi nín zhǔn bèi bào zhǐ huò zhě zá zhì ma?

乘客 行。

xíng.

乘务员 好的，马上给您送过来。

hǎo de, mǎ shàng gěi nín sòng guò lái.

단어

看不了 kàn bu liǎo 볼 수 없다 | 先 xiān 부 먼저 | 好像 hǎo xiàng 동 마치 ~와 같다 | 遇到 yù dào 동 (문제)가 생기다 | 一些 yì xiē 약간, 조금 | 系统 xì tǒng 명 시스템 | 问题 wèn tí 명 문제 | 恢复 huī fù 명 리셋 | 控制系统 kòng zhì xì tǒng 명 컨트롤시스템 | 带来 dài lái 동 가져오다 | 不便 bú biàn 형 불편하다 | 快 kuài 형 부 빠르다, 빨리 | 点儿 diǎr 양 약간, 조금 | 处理 chǔ lǐ 동 처리하다 | 久 jiǔ 부 오랫동안 | 已经 yǐ jīng 부 이미 | 成功 chéng gōng 동 성공하다, 완성하다 | 大概 dà gài 부 아마도 | 分钟 fēn zhōng 명 분 | 等待 děng dài 동 기다리다 | 过程 guò chéng 명 과정 | 中 zhōng 명 ~중 | 报纸 bào zhǐ 명 신문 | 杂志 zá zhì 명 잡지 | 行 xíng 형 좋다, 괜찮다 | 送过来 sòng guò lái 갖다 주다

엔터테인먼트서비스(시스템 이상)

승객 승무원!

승무원 네, 필요하신 것 있으신가요?

승객 제 자리에서는 영화를 볼 수 없나요? 스크린이 켜지지 않네요.

승무원 네, 제가 먼저 체크해 보겠습니다.

:

승무원 잠시 시스템에 문제가 생긴 것 같습니다. 제가 컨트롤시스템 리셋을 해보도록 하겠습니다. 불편을 드려 죄송합니다. 잠시만 기다려 주십시오.

승객 빨리 좀 해주세요.

승무원 네, 알겠습니다.

:

:

승무원 오래 기다리셨습니다. 리셋은 완료했습니다. 10분 정도 후에 켜질 예정입니다. 기다리시는 동안 책이나 잡지 준비해 드릴까요?

승객 네.

승무원 알겠습니다. 바로 가져다드리겠습니다.

1. 어기조사 呢

의문문의 끝에 써서 의문의 어기를 나타낸다.

这个屏幕怎么打开呢？
zhè ge píng mù zěn me dǎ kāi ne?
我的座位在哪儿呢？
wǒ de zuò wèi zài nǎr ne?
您是刷信用卡还是付现金呢？
nín shì shuā xìn yòng kǎ hái shì fù xiàn jīn ne?

2. 접속사 只要……就……

'~하기만 하면, 바로 ~한다'의 의미로 쓰인다.

您只要触摸屏幕就可以看了。
nín zhǐ yào chù mō píng mù jiù kě yǐ kàn le.
一家人只要填写一张就可以了。
yì jiā rén zhǐ yào tián xiě yì zhāng jiù kě yǐ le

3. 가능보어 ……不了

가능보어는 어떤 일을 할 가능성이 있거나 어떤 일이 실현될 가능성이 있을 때 사용하며, 긍정형은 '……得了'이고, 부정형은 '……不了'이다.

我这里看不了电影。

wǒ zhè lǐ kàn bu liǎo diàn yǐng.

她吃不了辣的菜。

tā chī bu liǎo là de cài.

这个座椅靠背调不了。

zhè ge zuò yǐ kào bèi tiáo bu liǎo.

这个耳机用不了。

zhè ge ěr jī yòng bu liǎo.

보충단어

辣 là 형 맵다 | 菜 cài 명 요리

1. 这个 ______ 怎么 ______ ? 이 ~는Travel~ 어떻게 ~?
zhè ge zěn me

(1) 屏幕 píng mù 打开 dǎ kāi
(2) 座椅靠背 zuò yǐ kào bèi 调 tiáo
(3) 脚踏板 jiǎo tà bǎn 放下 fàng xià
(4) 遥控器 yáo kòng qì 用 yòng
(5) 海关申报单 hǎi guān shēn bào dān 填 tián
(6) 灯 dēng 打开 dǎ kāi

2. 我先帮您 ______ 一下。제가 먼저 ~해 보겠습니다.
wǒ xiān bāng nín yí xià

(1) 确认 què rèn
(2) 问 wèn
(3) 看 kàn
(4) 整理 zhěng lǐ

3. 很抱歉 ______ 。~ 죄송합니다.
hěn bào qiàn

(1) 给您带来不便 gěi nín dài lái bú biàn
(2) 让您久等了 ràng nín jiǔ děng le

1. 다음 문장에 알맞은 병음과 성조를 쓰고 한국어로 해석하세요.

(1) 我想看电影，这个屏幕怎么打开呢？

병음과 성조 : ______________________

해　　석 : ______________________

(2) 您只要触摸屏幕就可以看了。

병음과 성조 : ______________________

해　　석 : ______________________

(3) 很抱歉给您带来不便，请稍等一下。

병음과 성조 : ______________________

해　　석 : ______________________

2. 다음 보기의 단어를 이용하여 빈 칸을 채우세요.

【보기】呢　　只要……就……　　不了

(1) 这个座椅靠背调（　　）。

(2) 您（　　）触摸屏幕（　　）可以看了。

(3) 您是刷信用卡还是付现金（　　）？

3. 다음 주어진 단어를 어순에 맞게 배열하세요.

(1) 乘务员　这　按钮　呼叫　是　的

문장 : ______________________________

(2) 确认　先　帮您　我　一下

문장 : ______________________________

(3) 耳机　听　这　不了　音乐　个

문장 : ______________________________

비행기 기종이나 옵션에 따라서 다르지만 대형 항공사의 장거리행 비행기는 개인용 모니터가 장착이 되어 있는 것이 대부분이다. 개인용 모니터는 리모컨과 화면터치 방식으로 컨트롤 할 수 있는데, 연령층이 높은 승객들이 많이 타면 리모컨 작동에 어려움을 느껴 실수로 승무원 콜 버튼을 누르는 경우가 꽤 많다. 그래서 기내가 마치 크리스마스트리의 불처럼 반짝반짝 콜버튼 라이트가 켜진 모습을 볼 수 있는데, 승무원들은 콜버튼 라이트가 켜지면 무조건 가서 승객에게 필요한 것이 있는지 알아보고 승무원 콜버튼 라이트를 꺼야하기 때문에 연령이 높은 승객들이 많이 탑승한 비행의 경우 승무원들은 평소보다 객실의 동선이 더 많아져 발바닥에 불이 날 정도로 힘든 비행이 되기도 한다. 서비스 접점에서 근무하는 사람들은 같은 질문이나 같은 상황을 짧은 시간에 여러 번 경험하다보면 엄청난 인내심이 필요할 때가 있다. 필자도 같은 설명과 같은 질문을 많이 하고 듣게 되었을 때 어금니를 깨물며 응대했던 기억이 나는데, 이것이 서비스 접점 근무자들에게 인내심이 요구되는 순간일 것이다.

필자는 오클랜드에서 인천으로 들어오는 비행에서 안전/보안 체크 후 갤리에서 일을 마치고 승객 보딩 후 이륙하여 한창 업무에 매진하며 밀서비스까지 끝냈었다. 그런데 밀서비스 직후 승객의 승무원콜로 해당 승객에게 가보니 승객이 본인의 좌석에 이어폰시스템이 고장이 나서 소리가 들리지 않아 영화를 볼 수 없다고 불편함을 호소했다. 지금 생각해도 아찔하다. 이유는 그 당시 모든 좌석은 만석이었고 심지어 장거리 비행이었는데, 그 승객은 장시간 동안 영화의 그림만 보면서 갈 수도 없는 노릇이었다. 하지만 다행히 필자의 동기 승무원이 엑스트라로(비행기 기종의 변동으로 인해 승무원 수가 남아 승객과 같이 앉아서 비행을 하는 스케줄) 탑승해 동기에게 사정을 말하고 협조를 구해 승객과 자리를 바꾸어 다행히 승객의 컴플레인을 막을 수 있었다. 승무원은 좌석 하나하나 고장 난 곳은 없는지 체크를 해야 하지만 그라운드에서는 굉장히 짧은 시간에 모든 업무를 마쳐야 하기 때문에 사실상 좌석 하나하나를 확인하는 것은 쉽지 않다. 대신 이렇게 고장 난 곳이 있을 경우, 다음 스케줄을 위해 보딩하는 승무원들에게 알려주거나 정비사에게 알려 고장 난 곳을 고칠 수 있게 해야 한다.

CHAPTER

09

기내면세품 판매서비스

机上免税品出售服务

对话1 机上免税品出售服务(免税品付款)

乘务员　我们正在出售免税商品，有需要购买的乘客，请跟我们乘务员联系。

wǒ men zhèng zài chū shòu miǎn shuì shāng pǐn, yǒu xū yào gòu mǎi de chéng kè, qǐng gēn wǒ men chéng wù yuán lián xì.

乘客　乘务员，我要一个圣罗兰的口红。

chéng wù yuán, wǒ yào yí ge shèng luó lán de kǒu hóng.

乘务员　好的，您要一个目录右边的圣罗兰口红是吗？价格是55美金，您是刷信用卡还是付现金？

hǎo de, nín yào yí ge mù lù yòu bian de shèng luó lán kǒu hóng shì ma? jià gé shì wǔ shí wǔ měi jīn, nín shì shuā xìn yòng kǎ hái shì fù xiàn jīn?

乘客　刷卡吧。

shuā kǎ ba.

乘务员　好的。收到您的visa卡，商品我会马上为您准备好，请签一下字。

hǎo de. shōu dào nín de visa kǎ, shāng pǐn wǒ huì mǎ shàng wèi nín zhǔn bèi hǎo, qǐng qiān yí xià zì.

乘客　好的，给你。

hǎo de, gěi nǐ.

乘务员 谢谢，请稍等。

xiè xie, qǐng shāo děng.

:

乘务员 很抱歉让您久等了，这是您要的圣罗兰口红。

hěn bào qiàn ràng nín jiǔ děng le, zhè shì nín yào de shèng luó lán kǒu hóng.

乘客 谢谢。

xiè xie.

乘务员 不客气，感谢您的购买。

bú kè qi, gǎn xiè nín de gòu mǎi.

단어

正在 zhèng zài 부 마침 ~하고 있다 | 出售 chū shòu 동 판매하다, 팔다 | 免税商品 miǎn shuì shāng pǐn 명 면세품 | 购买 gòu mǎi 동 구매하다 | 跟 gēn 개 ~와/과 | 联系 lián xì 동 연락하다 | 圣罗兰 shèng luó lán 명 입생로랑 | 口红 kǒu hóng 명 립스틱 | 目录 mù lù 명 카탈로그 | 右边 yòu bian 명 오른쪽 | 价格 jià gé 명 가격 | 美金 měi jīn 명 달러 | 刷信用卡 shuā xìn yòng kǎ 신용카드로 결제하다 | 还是 hái shì 접 또는, 아니면 | 付 fù 동 내다 | 现金 xiàn jīn 명 현금 | 收到 shōu dào 동 받다 | 商品 shāng pǐn 명 상품 | 签字 qiān zì 동 서명하다

기내면세품 판매서비스(면세품 판매 결제)

승무원 기내면세품 판매하고 있습니다. 구매를 원하시는 분께서는 저희 승무원에게 말씀해 주시기 바랍니다.

승객 입생로랑 립스틱 한 개 주세요.

승무원 네, 카탈로그의 오른쪽 입생로랑 립스틱 한 개 드리겠습니다. 미화로 55달러입니다. 결제는 현금과 카드 어떤 것으로 하시겠습니까?

승객 카드로 할게요.

승무원 네, 비자카드 받았습니다. 상품 바로 가져다드리겠습니다. 사인 부탁드립니다.

승객 네, 여기요.

승무원 감사합니다. 잠시만 기다려주십시오.

승무원 오래 기다리셨습니다. 말씀하신 입생로랑 립스틱 한 개 드리겠습니다.

승객 고마워요.

승무원 예쁘게 쓰십시오. 감사합니다.

对话2 机上免税品出售服务(关税规定)

乘客 乘务员，我想要一瓶尊尼获加蓝方威士忌。

chéng wù yuán, wǒ xiǎng yào yì píng zūn ní huò jiā lán fāng wēi shì jì.

乘务员 好的，一瓶尊尼获加蓝方威士忌，您还需要别的商品吗？

hǎo de, yì píng zūn ní huò jiā lán fāng wēi shì jì, nín hái xū yào bié de shāng pǐn ma?

乘客 你再给我推荐一瓶酒吧。

nǐ zài gěi wǒ tuī jiàn yì píng jiǔ ba.

乘务员 按照美国海关的规定，每位乘客只能携带一瓶酒，如果您是独自入境的话，希望您能留意一下。

àn zhào měi guó hǎi guān de guī dìng, měi wèi chéng kè zhǐ néng xié dài yì píng jiǔ, rú guǒ nín shì dú zì rù jìng de huà, xī wàng nín néng liú yì yí xià.

단어

瓶 píng 양 병 | 尊尼获加蓝方 zūn ní huò jiā lán fāng 명 조니워커 블루라벨 | 别的 bié de 명 다른 것 | 再 zài 부 또, 다시 | 推荐 tuī jiàn 동 추천하다 | 酒 jiǔ 명 술 | 按照 àn zhào 개 ~에 따라 | 美国 měi guó 명 미국 | 海关 hǎi guān 명 세관 | 规定 guī dìng 명 규정 | 每 měi 대 매, ~마다 | 位 wèi 양 분 | 只 zhǐ 부 단지, 다만, 오직 | 如果…的话 rú guǒ...de huà 접 만약 ~라면 | 独自 dú zì 부 혼자서, 홀로 | 入境 rù jìng 동 입국하다 | 希望 xī wàng 동 바라다 | 留意 liú yì 동 주의하다, 조심하다

乘客　好吧，那我就只要一瓶尊尼获加蓝方威士忌吧。

hǎo ba, nà wǒ jiù zhǐ yào yì píng zūn ní huò jiā lán fāng wēi shì jì ba.

乘务员　好的，马上为您准备好。

hǎo de, mǎ shàng wèi nín zhǔn bèi hǎo.

乘客　谢谢。

xiè xie.

기내면세품 판매서비스(세관 규정)

승객　승무원, 조니워커 블루라벨 한 병 있나요?

승무원　네, 조니워커 블루 한 병 있습니다. 더 필요하신 면세품은 없으신가요?

승객　술 한 병 더 추천해 줄 수 있나요?

승무원　미국 세관 규정은 1인당 1병까지만 가능합니다. 혼자 입국하신다면 이점 유의해 주시기 바랍니다.

승객　네, 그럼 조니워커 블루만 구입할게요.

승무원　그럼 바로 조니워커 블루 한 병 준비해 드리겠습니다.

승객　고맙습니다.

对话3 机上免税品出售服务(推荐)

乘客 乘务员！

chéng wù yuán!

乘务员 您好，您需要什么帮助吗？

nín hǎo, nín xū yào shén me bāng zhù ma?

乘客 麻烦你帮我推荐一款化妆品，我想送给我妈妈。

má fan nǐ bāng wǒ tuī jiàn yì kuǎn huà zhuāng pǐn, wǒ xiǎng sòng gěi wǒ mā ma.

乘务员 好的，您的妈妈经常使用化妆品吗？

hǎo de, nín de mā ma jīng cháng shǐ yòng huà zhuāng pǐn ma?

乘客 不是。

bú shì.

乘务员 那么，爽肤水或者乳液这样的基础护肤品您看怎么样？

nà me, shuǎng fū shuǐ huò zhě rǔ yè zhè yàng de jī chǔ hù fū pǐn nín kàn zěn me yang?

乘客 不错。

bú cuò.

乘务员 您觉得雪花秀怎么样？这是机上比较受欢迎的基础护肤品牌，适合不同年龄层的顾客。

nín jué de xuě huā xiù zěn me yàng? zhè shì jī shàng bǐ jiào shòu huān yíng de jī chǔ hù fū pǐn pái, shì hé bù tóng nián líng céng de gù kè.

乘客 那我就要一套雪花秀的爽肤水和乳液吧。

nà wǒ jiù yào yí tào xuě huā xiù de shuǎng fū shuǐ hé rǔ yè ba.

乘务员 好的，马上为您准备好，感谢您的购买。

hǎo de, mǎ shàng wèi nín zhǔn bèi hǎo, gǎn xiè nín de gòu mǎi.

단어

麻烦 má fan 형 귀찮다, 번거롭다 | 款 kuǎn 양 가지 | 化妆品 huà zhuāng pǐn 명 화장품 | 送给 sòng gěi 동 주다 | 妈妈 mā ma 명 어머니 | 经常 jīng cháng 부 늘, 항상 | 使用 shǐ yòng 동 사용하다 | 那么 nà me 접 그러면 | 爽肤水 shuǎng fū shuǐ 명 스킨 | 乳液 rǔ yè 명 로션 | 基础 jī chǔ 명 기초 | 护肤品 hù fū pǐn 명 스킨케어 | 怎么样 zěn me yàng 형 어떻다 | 不错 bú cuò 형 괜찮다, 좋다 | 觉得 jué de 동 ~라고 느끼다 | 雪花秀 xuě huā xiù 명 설화수 | 机上 jī shàng 명 기내 | 比较 bǐ jiào 부 비교적 | 受欢迎 shòu huān yíng 인기가 있다 | 品牌 pǐn pái 명 브랜드 | 适合 shì hé 동 적합하다, 알맞다 | 不同 bù tóng 형 다르다 | 年龄层 nián líng céng 명 연령층 | 顾客 gù kè 명 고객, 손님 | 套 tào 양 세트

기내면세품 판매서비스(추천)

승객 승무원!

승무원 네, 필요하신 것 있으신가요?

승객 어머니께 드릴 화장품 추천 좀 부탁합니다.

승무원 네, 어머님께서 화장을 자주 하시나요?

승객 아니요.

승무원 그럼 스킨케어 제품으로 스킨이나 로션 어떠십니까?

승객 네, 좋습니다.

승무원 설화수는 어떠십니까? 기내에서 인기가 많은 스킨케어로 다양한 연령대 고객들이 찾는 브랜드입니다.

승객 그럼 설화수 스킨, 로션 주세요.

승무원 네, 알겠습니다. 바로 물건 가져다드리겠습니다. 감사합니다.

对话4 机上免税品出售服务(售完)

乘客 乘务员！

chéng wù yuán!

乘务员 您好，您需要什么帮助吗？

nín hǎo, nín xū yào shén me bāng zhù ma?

乘客 辉柏嘉儿童会喜欢吗？我想送给侄子一份礼物。

huī bǎi jiā ér tóng huì xǐ huan ma? wǒ xiǎng sòng gěi zhí zi yí fèn lǐ wù.

乘务员 是的，辉柏嘉是一款很受欢迎的商品，不过很抱歉，这款商品现在已经销售完了。

shì de, huī bǎi jiā shì yì kuǎn hěn shòu huān yíng de shāng pǐn, bú guò hěn bào qiàn, zhè kuǎn shāng pǐn xiàn zài yǐ jīng xiāo shòu wán le.

乘客 天哪，我是没给侄子买到礼物才想买的，那还有其他适合当作礼物的吗？

tiān na, wǒ shì méi gěi zhí zi mǎi dào lǐ wù cái xiǎng mǎi de, nà hái yǒu qí tā shì hé dāng zuò lǐ wù de ma?

乘务员 您觉得礼祺铅笔盒和钱包套装怎么样？

nín jué de lǐ qí qiān bǐ hé hé qián bāo tào zhuāng zěn me yàng?

乘客 很不错。

hěn bú cuò.

乘务员 除了礼祺铅笔盒和钱包套装以外，您还需要别的商品吗？

chú le lǐ qí qiān bǐ hé hé qián bāo tào zhuāng yǐ wài, nín hái xū yào bié de shāng pǐn ma?

乘客 没有了。

méi yǒu le.

乘务员 好的，马上给您准备好，感谢您的购买。

hǎo de, mǎ shàng gěi nín zhǔn bèi hǎo, gǎn xiè nín de gòu mǎi.

단어

辉柏嘉 huī bǎi jiā 명 파버 카스텔 | 侄子 zhí zi 명 조카 | 份 fèn 양 세트 | 礼物 lǐ wù 명 선물 | 不过 bú guò 접 그런데, 그러나 | 销售 xiāo shòu 동 판매하다 | 天哪 tiān na 어머나, 맙소사 | 买 mǎi 동 사다 | 才 cái 부 비로소 | 当作 dāng zuò 동 ~로 삼다 | 礼祺 lǐ qí 명 니키 | 铅笔盒 qiān bǐ hé 명 필통 | 钱包 qián bāo 명 지갑 | 套装 tào zhuāng 명 세트 | 除了…以外，还… chú le...yǐ wài, hái... 접 ~을 제외하고 ~는(도)

기내면세품 판매서비스(품절)

승객 승무원!

승무원 네, 무엇을 도와드릴까요?

승객 파버 카스텔 아이들이 좋아할까요? 조카에게 선물해 주려고 하는데…….

승무원 네, 파버 카스텔은 인기가 많은 상품인데요, 안타깝게도 지금 현재는 모두 판매가 완료되었습니다.

승객 어머나! 제가 조카 선물을 못 사와서 그러는데, 기내에서 선물할 만한 것이 또 있을까요?

승무원 그럼 니키필통과 지갑세트는 어떨까요?

승객 네, 좋네요.

승무원 니키필통과 지갑세트 외에는 더 필요하신 면세품은 없으신가요?

승객 네.

승무원 네, 알겠습니다. 준비해 드리겠습니다. 감사합니다.

1. 正在…… (呢)

동작이 진행되고 있는 상황을 표시할 때는 동사 앞에 부사 '正在', '正', '在'를 붙여주거나 문장 끝에 '呢'를 붙인다. '正在', '正', '在'는 '呢'와 함께 쓰기도 한다.

乘客正在使用洗手间。
chéng kè zhèng zài shǐ yòng xǐ shǒu jiān.
我们的飞机正在滑行当中。
wǒ men de fēi jī zhèng zài huá xíng dāng zhōng.
他正在挑选免税商品呢。
tā zhèng zài tiāo xuǎn miǎn shuì shāng pǐn ne.

2. 접속사 是……还是……

'또는, 아니면'의 의미로 의문문에 쓰여 선택을 나타낸다.

您是刷信用卡还是付现金？
nín shì shuā xìn yòng kǎ hái shì fù xiàn jīn?
是现在给您送过来还是一会儿下机时再给您？
shì xiàn zài gěi nín sòng guò lái hái shì yí huìr xià jī shí zài gěi nín?
您觉得是红色的好看还是其他颜色的好看？
nín jué de shì hóng sè de hǎo kàn hái shì qí tā yán sè de hǎo kàn?

3. 접속사 如果……的话，就……

'만약 ~하면 ~한다'의 의미로 가정을 나타낸다.

如果您需要什么帮助的话，就请呼叫我们乘务员。

rú guǒ nín xū yào shén me bāng zhù de huà, jiù qǐng hū jiào wǒ men chéng wù yuán.

如果您喜欢这款香水的话，我就给您包起来了。

rú guǒ nín xǐ huan zhè kuǎn xiāng shuǐ de huà, wǒ jiù gěi nín bāo qǐ lái le.

4. 접속사 不过

'그런데', '그러나'의 의미로 전환관계를 나타내며, '但是，可是'와 비슷한 의미이지만 '但是，可是'보다 정도가 약하다.

我想买这套化妆品，不过我没有现金。

wǒ xiǎng mǎi zhè tào huà zhuāng pǐn, bú guò wǒ méi yǒu xiàn jīn.

这款香水很适合您，不过现在没有了。

zhè kuǎn xiāng shuǐ hěn shì hé nín, bú guò xiàn zài méi yǒu le.

5. 접속사 除了……以外

'~이외에는', '~이외에도'의 의미로 쓰이며, 주로 뒷절에 '也', '还'가 따라온다.

除了这款香水以外，我还想买一套化妆品。

chú le zhè kuǎn xiāng shuǐ yǐ wài, wǒ hái xiǎng mǎi yí tào huà zhuāng pǐn.

除了辉柏嘉以外，这款礼祺套装也很受欢迎。

chú le huī bǎi jiā yǐ wài, zhè kuǎn lǐ qí tào zhuāng yě hěn shòu huān yíng.

보충단어

挑选 tiāo xuǎn 동 고르다, 선택하다 | 包 bāo 동 싸다, 싸매다

1. 您是 ______ 还是 ______ ? ~로 아니면 ~로 결제하시겠습니까?
nín shì　　　　hái shì

(1) 刷信用卡 shuā xìn yòng kǎ　付现金 fù xiàn jīn

(2) 想买单品 xiǎng mǎi dān pǐn　想买套装 xiǎng mǎi tào zhuāng

(3) 送给家人 sòng gěi jiā rén　送给亲戚朋友 sòng gěi qīn qi péng you

2. 您还需要 ______ 吗? 더 필요하신 ~가 없으신가요?
nín hái xū yào　　　ma

(1) 别的商品 bié de shāng pǐn

(2) 咖啡 kā fēi

(3) 饮料 yǐn liào

(4) 啤酒 pí jiǔ

3. 你给我推荐 ______ 吧。~를 추천해 주세요.
nǐ gěi wǒ tuī jiàn　　　ba

(1) 一瓶酒 yì píng jiǔ

(2) 一款香水 yì kuǎn xiāng shuǐ

(3) 一套化妆品 yí tào huà zhuāng pǐn

(4) 一份礼物 yí fèn lǐ wù

4. 按照 _______ 的规定 ~규정은 ~.
àn zhào　　　de guī dìng

(1) 美国海关 měi guó hǎi guān

(2) 中国海关 zhōng guó hǎi guān

(3) 韩国海关 hán guó hǎi guān

(4) 英国海关 yīng guó hǎi guān

5. 希望您 _______ 一下。~주시기 바랍니다.
xī wàng nín　　　yí xià

(1) 留意 liú yì

(2) 配合 pèi hé

(3) 帮助 bāng zhù

(4) 阅读 yuè dú

(5) 谅解 liàng jiě

6. 您觉得 _______ 怎么样？~가 어떨까요?
nín jué de　　　zěn me yàng?

(1) 雪花秀的水乳套装 xuě huā xiù de shuǐ rǔ tào zhuāng

(2) 这款香水 zhè kuǎn xiāng shuǐ

(3) 这个品牌的口红 zhè ge pǐn pái de kǒu hóng

1. 다음 문장에 알맞은 병음과 성조를 쓰고 한국어로 해석하세요.

(1) 我们正在出售免税商品。

병음과 성조 : ______________________________

해 석 : ______________________________

(2) 您是刷信用卡还是付现金？

병음과 성조 : ______________________________

해 석 : ______________________________

(3) 您的妈妈经常使用化妆品吗？

병음과 성조 : ______________________________

해 석 : ______________________________

(4) 我想送给侄子一份礼物。

병음과 성조 : ______________________________

해 석 : ______________________________

2. 다음 보기의 단어를 이용하여 빈 칸을 채우세요.

【보기】 正在　　还是　　如果　　不过　　除了

(1) (　　　) 您需要什么帮助的话，就请呼叫我们乘务员。

(2) 您想喝咖啡 (　　　) 橙汁？

(3) 我们的飞机 (　　　) 滑行当中。

(4) 这款香水很受欢迎，(　　　) 现在没有了。

(5) (　　　) 牛肉饭以外，还有别的吗？

3. 다음 주어진 단어를 어순에 맞게 배열하세요.

(1) 需要　您　吗　商品　别的　还

문장 : ______________________________

(2) 乘客　携带　只　每　能　一瓶　位　酒

문장 : ______________________________

(3) 推荐　给　请　化妆品　一款　我

문장 : ______________________________

(4) 商品　款　已经　完　销售　这　了

문장 : ______________________________

각 나라마다 입국 시 세관 규정이 있다. 이를 어길 경우 과세를 물어야하기 때문에 승무원은 비행 목적지에 따라 세관 규정을 미리 숙지하고 기내에서 승객들에게 안내할 수 있어야 하는데, 미국의 경우 주마다 다른 세관 규정을 가지고 있으므로 특별히 유의하도록 한다. 승무원은 승무원 세관 규정이 따로 정해져 있다. 따라서 입국 시 규정을 준수해야 하는데 우리나라 승무원이 해외에서 체류 후 입국할 때의 승무원 면세 범위는 전체 해외취득 가격이 미화 150달러 이하에 상응하는 물품 및 1L 이하의 주류 1병(미화 400달러 이하인 주류에 한정한다)으로 하되, 품목당 1개 또는 1세트로 한정한다. 다만, 주류의 면세는 3개월에 1회로 제한하고, 승무원 휴대품의 과세통관 허용기준은 미화 600달러 이하 상응물품으로 관세청 홈페이지에서 확인할 수 있다.[4]

항공사마다 기내에서 기내면세품을 판매하고 있는데, 이는 항공사의 큰 이익 중 하나이므로 승무원은 기내면세품 판매 시 적극적으로 승객응대를 하여야 한다. 뿐만 아니라 면세품 판매 중 계산착오로 '쇼트(판매금 부족)'가 발생하면, 승무원이 직접 손님에게 연락해 차액을 받거나 승무원의 사비로 메워야 하는 일이 생길 수 있으므로 돈이 오갈 때에는 특별한 주의가 필요하다. 필자가 비행을 할 때 큰 금액의 쇼트가 발생한 적이 있었다. 나중에 인벤토리(상품의 목록과 개수를 맞추는 것)를 하다가 술이 한 병 모자라다는 것을 알고 술을 판매한 승객을 일일이 찾아다니며 확인한 결과 잘못된 것을 바로 잡을 수 있었다. 희한하게 돈과 관련하여 자신에게 조금이라도 손해가 발생하면 바로 발끈하지만, 그와는 반대로 이익이 생기면 침묵을 지키는 것이 사람 심리인 것 같다. 그러므로 돈이 오가는 순간에는 더욱 주의하여 금전적으로 승무원이건 승객이건 손해를 겪는 일은 없어야 할 것이다. 만일 쇼트 같은 일이 발생했을 때 양심적인 승객을 만나 그 승객이 먼저 알려준다면 추가의 서비스를 더 해드리는 것도 좋은 응대방법이라 생각된다.

대한민국 입국 시 특히 유럽에서 승객들은 한국에서 보다 저렴한 상품을 많이 구입해서 입국을 하는 경우를 자주 봤는데 세관신고 대상에 해당이 된다면 반드시 신고를 해야 금전적인 손해를 방지할 수 있다. 필자가 프랑크푸르트에서 인천에 도착했을 때 세관에서 불시에 세관검사를 실시한 적이 있었다. 그 때 다수의 승객들이 신고를 하지 않아 많은 과세를 무는 것을 보았다. 항상 양심적으로 세관에 신고할 것이 있다면 당당히 신고할 수 있도록 기내에서 승객에게 세관 정보를 제공해야 하는 것이 승무원의 의무 중 하나라 생각한다.

4 관세청 홈페이지(http://www.customs.go.kr/kcshome/cop/bbs/)

항공서비스
실무중국어

CHAPTER

10

입국서류서비스
入境材料服务

对话1 入境材料服务(韩国入境时)

乘务员 您好，这是入境卡和海关申报单。

nín hǎo, zhè shì rù jìng kǎ hé hǎi guān shēn bào dān.

乘客 谢谢，我没有要申报的东西也要填写吗？

xiè xie, wǒ méi yǒu yào shēn bào de dōng xi yě yào tián xiě ma?

乘务员 是的，没有要申报的东西也需要您填写。

shì de, méi yǒu yào shēn bào de dōng xi yě xū yào nín tián xiě.

乘客 好的。

hǎo de.

乘务员 一家人填写一张海关申报单就可以了。

yì jiā rén tián xiě yì zhāng hǎi guān shēn bào dān jiù kě yǐ le.

乘客 好，那我代表我家人填吧。

hǎo, nà wǒ dài biǎo wǒ jiā rén tián ba.

乘务员 好的，这是海关申报单。

hǎo de, zhè shì hǎi guān shēn bào dān.

단어

入境卡 rù jìng kǎ 명 입국신고서 | 海关申报单 hǎi guān shēn bào dān 명 세관신고서 | 申报 shēn bào 동 신고하다 | 东西 dōng xi 명 물건 | 填写 tián xiě 동 써넣다, 기입하다 | 家人 jiā rén 명 가족 | 张 zhāng 양 장 | 代表 dài biǎo 동 대표하다

입국서류 서비스(한국 입국 시)

승무원 세관신고서 준비해 드리겠습니다.

승객 감사합니다. 저는 세관에 신고할 것이 없는데 그래도 작성해야 하나요?

승무원 네, 세관신고서는 신고할 물건이 없어도 작성하셔야 합니다.

승객 네.

승무원 세관신고서는 1인당 1장이 아닌 가족당 1장입니다.

승객 네, 그럼 저희가족 대표로 제가 1장 작성하겠습니다.

승무원 네, 알겠습니다. 세관신고서 1장 드리겠습니다.

대한민국 국적을 가지고 있는 사람은 입국서류를 쓸 필요가 없다. 하지만 세관신고서는 세관에 신고할 물품이 없더라도 작성해야 한다.

对话2 入境材料服务(海关规定)

乘客 请问韩国海关有哪些规定？

qǐng wèn hán guó hǎi guān yǒu nǎ xiē guī dìng?

乘务员 您好，韩国入境时您可以免税携带一瓶酒，200根香烟和一瓶香水。

nín hǎo, hán guó rù jìng shí nín kě yǐ miǎn shuì xié dài yì píng jiǔ, liǎng bǎi gēn xiāng yān hé yì píng xiāng shuǐ.

乘客 是一个人呢？ 还是一个家庭？

shì yí ge rén ne? hái shì yí ge jiā tíng?

乘务员 是一个人的免税范围，不过海关申报单一个家庭只填写一张就可以了。您还有什么需要咨询的吗？

shì yí ge rén de miǎn shuì fàn wéi, bú guò hǎi guān shēn bào dān yí ge jiā tíng zhǐ tián xiě yì zhāng jiù kě yǐ le. nín hái yǒu shén me xū yào zī xún de ma?

乘客 没有了，谢谢。

méi yǒu le, xiè xie.

단어

海关 hǎi guān 명 세관 | 哪些 nǎ xiē 대 어느, 어떤 | 入境 rù jìng 명 입국 | 根 gēn 양 대 | 香烟 xiāng yān 명 담배 | 香水 xiāng shuǐ 명 향수 | 家庭 jiā tíng 명 가정 | 范围 fàn wéi 명 범위 | 咨询 zī xún 문의하다

입국서류 서비스(세관 규정)

승객 한국 세관 규정이 어떻게 되나요?

승무원 네, 한국 입국 시 면세 허용 범위는 술 1병, 담배 1보루 그리고 향수 1병까지 허용됩니다.

승객 가족당인가요? 1인당인가요?

승무원 1인당 면세 허용 범위입니다. 그러나 세관신고서는 가족당 1장 작성해 주시면 됩니다. 더 궁금하신 사항은 없나요?

승객 네, 없습니다. 고맙습니다.

1. 조동사 要

'要'는 동사술어 앞에 위치하며, '~하려고 한다, ~하고자 한다', '~해야 한다'의 의미로 쓰인다.

(1) '~하려고 한다, ~하고자 한다'의 의미로 할 때 부정형은 '不要'가 아닌 '不想'이다.

我要去免税店。wǒ yào qù miǎn shuì diàn.

→ 我不想去免税店。wǒ bù xiǎng qù miǎn shuì diàn.

我要买圣罗兰的口红。wǒ yào mǎi shèng luó lán de kǒu hóng.

→ 我不想买圣罗兰的口红。wǒ bù xiǎng mǎi shèng luó lán de kǒu hóng.

(2) '~해야 한다'의 의미로 할 때 부정형은 '不要'가 아닌 '不用'이다.

我周末要上班。wǒ zhōu mò yào shàng bān.

→ 我周末不用上班。wǒ zhōu mò bú yòng shàng bān.

明天我要去机场接朋友。míng tiān wǒ yào qù jī chǎng jiē péng you.

→ 明天我不用去机场接朋友。míng tiān wǒ bú yòng qù jī chǎng jiē péng you.

2. 양사

중국어에서 사람, 사물, 동작을 세는 단위를 양사라고 하며, 각각 특정한 양사를 가지므로 아무거나 사용해서는 안 된다.

(1) 个 ge 개, 명(사물, 사람)

一个纸杯 yí ge zhǐ bēi

两个朋友 liǎng ge péng you

(2) 位 wèi 분(사람을 높여서 이르는 말)

两位老师 liǎng wèi lǎo shī

三位美国乘客 sān wèi měi guó chéng kè

(3) 次 cì 번, 회(횟수)

本次航班 běn cì hang bān

这次会议 zhè cì huì yì

(4) 张 zhāng 장(종이 등 따위의 넓은 표면을 가진 사물)

一张入境卡 yì zhāng rù jìng kǎ

两张海关申报单 liǎng zhāng hǎi guān shēn bào dān

(5) 瓶 píng 병

一瓶红酒 yì píng hóng jiǔ

两瓶香水 liǎng píng xiāng shuǐ

(6) 杯 bēi 잔, 컵

一杯咖啡 yì bēi kā fēi

一杯橙汁 yì bēi chéng zhī

(7) 套 tào 세트

一套化妆品 yí tào huà zhuāng pǐn

两套西装 liǎng tào xī zhuāng

(8) 根 gēn 대, 개(가늘고 긴 사물)

一根香烟 yì gēn xiāng yān

一根吸管 yì gēn xī guǎn

(9) 件 jiàn 벌, 건(옷, 짐, 일)

一件衣服 yí jiàn yī fu

这件行李 zhè jiàn xíng li

一件事 yí jiàn shì

보충단어

周末 zhōu mò 명 주말 | 明天 míng tiān 명 내일 | 接 jiē 동 마중하다 | 纸杯 zhǐ bēi 명 종이컵 | 老师 lǎo shī 명 선생님 | 西装 xī zhuāng 명 양복 | 吸管 xī guǎn 명 빨대 | 衣服 yī fu 명 옷 | 事 shì 명 일

1. 请问 ______ 有哪些规定？ ~ 규정이 어떻게 되나요?
qǐng wèn yǒu nǎ xiē guī dìng

(1) 韩国海关 hán guó hǎi guān

(2) 中国海关 zhōng guó hǎi guān

(3) 美国海关 měi guó hǎi guān

(4) 日本海关 rì běn hǎi guān

2. 您还有什么需要 ______ 的吗？(손님) 더 ~하신 것 있습니까?
nín hái yǒu shén me xū yào de ma

(1) 咨询 zī xún

(2) 帮助 bāng zhù

(3) 了解 liǎo jiě

(4) 购买 gòu mǎi

1. 다음 문장에 알맞은 병음과 성조를 쓰고 한국어로 해석하세요.

(1) 没有要申报的东西也要填写吗？

병음과 성조 : ____________________

해　　석 : ____________________

(2) 一家人填写一张海关申报单就可以了。

병음과 성조 : ____________________

해　　석 : ____________________

(3) 我代表我家人填吧。

병음과 성조 : ____________________

해　　석 : ____________________

2. 다음 보기의 단어를 이용하여 빈 칸을 채우세요.

【보기】要　　次　　位　　和

(1) 这是入境卡（　　）海关申报单。

(2) 我（　　）给妈妈买一份礼物。

(3) 飞机上有三（　　）美国乘客。

(4) 这（　　）会议取消了。[取消 qǔ xiāo，취소하다]

3. 다음 주어진 단어를 어순에 맞게 배열하세요.

(1) 有　规定　韩国海关　哪些

문장 : ______________________

(2) 可以　一瓶　酒　携带　您

문장 : ______________________

(3) 什么　咨询　吗　的　您　需要　有

문장 : ______________________

STORY 08

전자여권의 사용으로 미국의 입국신고서가 없어지고 세관신고서 1장(가족당 1부)만 작성하면 되는 시스템으로 바뀌어 미국 입국 시 준비해야 하는 서류가 한결 가벼워졌다. 뿐만 아니라 미국 내 지역에 따라 세관신고서 또한 작성하지 않아도 되는 곳이 생겨나 과거에 비하면 미국 입국 시 준비사항이 한결 수월해졌다고 하겠다. 과거 미국을 입국하는 플라이트에서는 입국신고서와 세관신고서 서류를 승객에게 배포하고 승객 한 분 한 분 찾아가 입국신고서와 세관신고서를 제대로 작성했는지 승무원들이 모두 봐드렸는데 지금은 무비자(ESTA)와 전자여권 사용으로 승무원들이 한결 편하게 미국노선에서 근무할 수 있게 되었다. 다른 나라도 마찬가지로 입국 시 필요한 서류를 승무원이 승객에게 나눠드리지만 일일이 봐주는 대신 서류를 봐달라고 요청하는 승객의 서류만 도와드리면 되기 때문에 입국서류 업무에 대한 부담감은 과거에 비해 크게 줄었다. 하지만 연령층이 높은 승객은 승무원들이 먼저 다가가 작성에 도움을 여쭙는다면 승객들이 편하게 입국서류를 준비할 수 있으니 참고하면 좋을 듯하다. 기내에서 입국 시 필요한 서류를 배포하고 작성을 돕는 일은 승무원들이 해야 할 일이지만, 필자는 과거에 어이없는 일을 당했었다. 뉴욕으로 가는 비행기였는데, 단체관광객이 엄청난 수로 탑승을 했었고 여행사 인솔자로 보이는 승객이 탑승할 때부터 본인이 담당하는 여행객을 케어 하는 것을 보았는데, 밀 서비스가 끝난 후 여행사 인솔자로 보이는 그 승객이 필자를 불렀다. 가서 무엇이 필요한지 물었더니 한 묶음의 서류와 여권을 꺼내 필자에게 본인의 업무인 여행객 입국신고서와 세관신고서를 작성하라고 시키는 것이었다. 너무 황당하고 어이가 없었다. 여태까지 기내에서 여행사 인솔자를 많이 보아왔고 같은 관광 쪽 업무자라 필자는 항상 인솔자들에게 더 신경을 써서 서비스를 했는데 본인의 일을 승무원에게 시키는 인솔자는 처음이었다. 너무 기가 막혀서 "이건 제가 해야 하는 일이 아닌 것 같습니다."라고 정중하게 목소리를 저음으로 깔고 응대를 했더니 인솔자가 더 이상 아무 말도 하지 않았다. 뿐만 아니라 인솔자 옆 복도(Aisle)를 지날 때마다 인솔자는 자신이 했던 말이 부끄러웠는지 필자와 눈도 못 마주치고 그렇게 10시간을 비행하여 목적지에 도착했다. 모든 승객의 요구에 친절하게 대해야 하는 것이 승무원의 의무라고 생각하지만, 승무원으로서 해야 할 일과 아닌 것을 구별해서 승객에게 말할 줄도 알아야 할 것이다.

CHAPTER

11

특수상황
特殊情况

对话1 特殊情况(突发颠簸)

乘务员 飞机正在发生颠簸，请大家坐在座位上系好安全带。

fēi jī zhèng zài fā shēng diān bǒ, qǐng dà jiā zuò zài zuò wèi shàng jì hǎo ān quán dài.

乘客 现在可以使用卫生间吗？

xiàn zài kě yǐ shǐ yòng wèi shēng jiān ma?

乘务员 现在由于气流原因飞机发生颠簸，请您在安全带指示灯熄灭以前暂时坐在座位上系好安全带。

xiàn zài yóu yú qì liú yuán yīn fēi jī fā shēng diān bǒ, qǐng nín zài ān quán dài zhǐ shì dēng xī miè yǐ qián zàn shí zuò zài zuò wèi shàng jì hǎo ān quán dài.

乘客 好的。

hǎo de.

단어

飞机 fēi jī 명 비행기 | 发生 fā shēng 동 발생하다 | 颠簸 diān bǒ 동 흔들리다 | 系 jì 동 매다 | 安全带 ān quán dài 명 안전벨트 | 卫生间 wèi shēng jiān 명 화장실 | 由于 yóu yú 접 ~로 인하여, ~때문에 | 气流 qì liú 명 기류 | 原因 yuán yīn 명 원인 | 安全带指示灯 ān quán dài zhǐ shì dēng 명 벨트 사인 | 熄灭 xī miè 동 꺼지다 | 前 qián 명 전 | 暂时 zàn shí 명 잠깐, 잠시

특수상황(터뷸런스)

승무원 비행기가 흔들리고 있습니다. 좌석벨트를 착용하여 주시기 바랍니다.

승객 화장실 잠깐만 사용해도 될까요?

승무원 지금은 기류가 불안정하여 비행기가 흔들리고 있습니다. 벨트 사인이 꺼질 때까지 잠시만 자리에 앉아 벨트착용을 부탁드립니다.

승객 네, 알겠습니다.

对话2 特殊情况(机上患者)

乘客 你好，我的耳朵突然很疼，怎么办？

nǐ hǎo, wǒ de ěr duo tū rán hěn téng, zěn me bàn?

乘务员 很抱歉，飞机上暂时没有准备耳朵疼的药物，飞机起降时，受气压的影响耳朵会有一些不舒服。

hěn bào qiàn, fēi jī shàng zàn shí méi yǒu zhǔn bèi ěr duo téng de yào wù, fēi jī qǐ jiàng shí, shòu qì yā de yǐng xiǎng ěr duo huì yǒu yì xiē bù shū fu.

乘客 那如果一直疼的话也要忍着？

nà rú guǒ yì zhí téng de huà yě yào rěn zhe ma?

乘务员 您用拇指和食指捏住鼻子，闭上嘴巴，利用面部和颈部的肌肉往鼻子里吸气。还是很疼的话，您张大口打哈欠试一试，这样会帮助您减少痛苦。

단어

耳朵 ěr duo 명 귀 | 突然 tū rán 부 갑자기 | 疼 téng 동 아프다 | 怎么办 zěn me bàn 동 어떻게 하나 | 药物 yào wù 명 약물, 약품 | 起降 qǐ jiàng 동 이착륙하다 | 受…影响 shòu...yǐng xiǎng ~에 영향을 받다 | 气压 qì yā 명 기압 | 不舒服 bù shū fu 불편하다 | 忍 rěn 동 참다 | 拇指 mǔ zhǐ 명 엄지 | 食指 shí zhǐ 명 검지 | 捏 niē 동 손가락으로 집다 | 鼻子 bí zi 명 코 | 闭 bì 동 닫다, 막히다 | 嘴巴 zuǐ bā 명 입 | 利用 lì yòng 동 이용하다 | 面部 miàn bù 명 얼굴 | 颈部 jǐng bù 명 목 | 肌肉 jī ròu 명 근육 | 往 wǎng 동 향하다, ~쪽으로 | 吸气 xī qì 숨을 쉬다 | 还是 hái shì 부 아직도 | 张口 zhāng kǒu 입을 열다 | 打哈欠 dǎ hā qian 하품을 하다 | 试 shì 동 해 보다 | 减少 jiǎn shǎo 동 적게 하다, 줄이다 | 痛苦 tòng kǔ 명 고통, 아픔

nín yòng mǔ zhǐ hé shí zhǐ niē zhù bí zi, bì shàng zuǐ bā, lì yòng miàn bù hé jǐng bù de jī ròu wǎng bí zi lǐ xī qì. hái shì hěn téng de huà, nín zhāng dà kǒu dǎ hā qian shì yi shì, zhè yàng huì bāng zhù nín jiǎn shǎo tòng kǔ.

乘客 好点儿了，谢谢。
hǎo diǎnr le, xiè xie.

乘务员 不客气。
bú kè qi.

특수상황(기내환자)

승객 귀가 갑자기 너무 아프네요. 어떻게 하죠?

승무원 죄송합니다만, 귀가 아플 때 먹는 약은 기내에는 준비되어 있지 않습니다. 비행기가 이·착륙할 때 기압의 영향으로 귀가 아플 수 있습니다.

승객 그럼 계속 아픔을 참아야 하나요?

승무원 엄지와 검지로 코를 막고 입을 다문 후 볼과 목의 근육을 이용해 공기를 코 뒤쪽으로 넣어 보십시오. 그래도 아프시다면 입을 크게 벌려 하품을 해 보십시오. 불편해소에 도움이 될 것입니다.

승객 네, 좋아졌네요.

승무원 좋아지셨다니 다행입니다.

对话3 特殊情况(航班延误1)

乘客 乘务员，已经到了起飞时间，飞机为什么还不起飞呢？
chéng wù yuán, yǐ jīng dào le qǐ fēi shí jiān, fēi jī wèi shén me hái bù qǐ fēi ne?

乘务员 很抱歉让您久等了，还有两位乘客未登机，所以需要稍微等待一下。
hěn bào qiàn ràng nín jiǔ děng le, hái yǒu liǎng wèi chéng kè wèi dēng jī, suǒ yǐ xū yào shāo wēi děng dài yí xià。

乘客 必须要等晚到的乘客吗？直接出发不行吗？
bì xū yào děng wǎn dào de chéng kè ma? zhí jiē chū fā bù xíng ma?

乘务员 乘客的行李已经托运上了飞机，所以即使不让乘客登机，取出行李也需要时间。很抱歉不能按时出发。
chéng kè de xíng li yǐ jīng tuō yùn shàng le fēi jī, suǒ yǐ jí shǐ bú ràng chéng kè dēng jī, qǔ chū xíng li yě xū yào shí jiān. hěn bào qiàn bù néng àn shí chū fā.

乘客 知道了。
zhī dào le.

단어

未 wèi 부 아직 ~하지 않다 | 登机 dēng jī 동 탑승하다 | 所以 suǒ yǐ 접 그래서 | 晚到 wǎn dào 동 늦게 도착하다, 지각하다 | 必须 bì xū 부 반드시 ~해야 한다 | 托运 tuō yùn 동 위탁하다 | 即使…也… jí shǐ...yě... 접 설령 ~하도라도 | 取出 qǔ chū 동 꺼내다 | 按时 àn shí 부 제때에

특수상황(지연1)

승객 예정된 출발시간이 지났는데, 왜 비행기 문을 닫지 않고 있나요?

승무원 기다리게 해드려 죄송합니다. 아직 승객 두 분이 탑승 전이라 승객의 탑승을 기다리고 있습니다.

승객 늦은 사람을 기다려야 하나요? 그냥 출발하면 안 되나요?

승무원 승객의 짐이 수하물로 비행기에 실려 있기 때문에, 승객을 탑승시키지 않더라도 수하물을 찾는데 소요되는 시간이 또 있습니다. 출발 시간이 늦어져 대단히 죄송합니다.

승객 네.

对话4 特殊情况(航班延误2)

乘客 刚才广播通知说延迟起飞，为什么要延迟起飞？

gāng cái guǎng bō tōng zhī shuō yán chí qǐ fēi, wèi shén me yào yán chí qǐ fēi?

乘务员 很抱歉给您带来不便，由于现在机场比较繁忙，所以延迟了起飞时间。

hěn bào qiàn gěi nín dài lái bú biàn, yóu yú xiàn zài jī chǎng bǐ jiào fán máng, suǒ yǐ yán chí le qǐ fēi shí jiān。

乘客 那需要等多长时间？

nà xū yào děng duō cháng shí jiān?

乘务员 刚才乘务长广播说前面有3架飞机，估计晚点15分钟。

gāng cái chéng wù zhǎng guǎng bō shuō qián mian yǒu sān jià fēi jī, gū jì wǎn diǎn shí wǔ fēn zhōng.

단어

刚才 gāng cái 명 방금 | 广播 guǎng bō 동 방송하다 | 通知 tōng zhī 동 통지하다, 알리다 | 延迟 yán chí 동 연기하다, 지연하다 | 不便 bú biàn 형 불편하다 | 机场 jī chǎng 명 공항 | 繁忙 fán máng 형 번거롭고 바쁘다 | 多长时间 duō cháng shí jiān 얼마 동안 | 架 jià 양 대 | 估计 gū jì 동 예측하다 | 晚点 wǎn diǎn 동 제시간에 늦다 | 参加 cān jiā 동 참가하다, 참여하다 | 重要 zhòng yào 형 중요하다 | 会议 huì yì 명 회의 | 问题 wèn tí 명 문제 | 严重 yán zhòng 형 심각하다 | 着陆 zhuó lù 동 착륙하다 | 尽快 jǐn kuài 부 되도록 빨리 | 下飞机 xià fēi jī 비행기에서 내리다 | 拜托 bài tuō 동 부탁하다

乘客 我要参加很重要的会议，这样的话，估计问题会很严重的。
wǒ yào cān jiā hěn zhòng yào de huì yì, zhè yàng de huà, gū jì wèn tí huì hěn yán zhòng de.

乘务员 很抱歉，飞机着陆后，我们会帮您尽快下飞机。
hěn bào qiàn, fēi jī zhuó lù hòu, wǒ men huì bāng nín jǐn kuài xià fēi jī.

乘客 拜托了。
bài tuō le.

특수상황(지연2)

승객 방송에서 방금 이륙이 늦어진다고 하는데, 왜 이렇게 늦어지는 거죠?

승무원 불편을 드려 죄송합니다. 지금시간이 이륙하는 비행기들이 많은 시간이라 늦어지는 것 같습니다.

승객 얼마나 더 기다려야 하죠?

승무원 방금 방송에서, 저희 앞에 3대의 비행기가 있다고 했으니 약 15분 정도 지연될 것으로 생각됩니다.

승객 저는 중요한 미팅으로 출장을 가는 건데, 이러다가 큰 손해를 볼 수도 있을 것 같네요.

승무원 죄송합니다. 제가 착륙 후 최대한 빨리 내리실 수 있게 도와드리겠습니다.

승객 꼭 부탁합니다.

1. 개사 由于

'由于'는 '~때문에', '~로 인하여'라는 의미로 보통 문장 앞에 쓰인다.

由于天气原因，我们的飞机可能会晚点。
yóu yú tiān qì yuán yīn , wǒ men de fēi jī kě néng huì wǎn diǎn.
现在由于气流原因飞机发生颠簸。
xiàn zài yóu yú qì liú yuán yīn fēi jī fā shēng diān bǒ.
由于天气原因，我们的飞机不能按时起飞。
yóu yú tiān qì yuán yīn , wǒ men de fēi jī bù néng àn shí qǐ fēi.

2. 동사 试一试

일부 동사는 중첩하여 사용할 수 있는데 '좀 ~하다'라는 의미로 가볍고 자연스러운 어기를 나타낸다. 단음절 동사의 중첩형은 'AA', 'A一A'이고, 이음절 동사는 'ABAB'로 중첩한다.

我可以试试这款香水吗？
wǒ kě yǐ shì shi zhè kuǎn xiāng shuǐ ma?
您尝一尝这种红酒。
nín cháng yi cháng zhè zhǒng hóng jiǔ.
我帮您去问问。
wǒ bāng nín qù wèn wen.
我再考虑考虑吧。
wǒ zài kǎo lǜ kǎo lǜ ba.

3. 접속사 所以

'所以'는 인과관계의 문장에서 결과나 결론을 나타낸다. 일반적으로 '因为……，所以……'의 형태로 인과관계를 나타낸다.

因为还有两位乘客未登机，所以需要稍微等待一下。

yīn wèi hái yǒu liǎng wèi chéng kè wèi dēng jī, suǒ yǐ xū yào shāo wēi děng dài yí xià.

因为有台风，所以飞机延迟起飞了。

yīn wèi yǒu tái fēng, suǒ yǐ fēi jī yán chí qǐ fēi le.

因为我没有现金，所以只能刷信用卡。

yīn wèi wǒ méi yǒu xiàn jīn, suǒ yǐ zhǐ néng shuā xìn yòng kǎ.

4. 접속사 即使……也……

'即使……也……'는 '설령 ~할지라도 ~하다'라는 의미로 가설관계를 나타낸다.

即使没有要申报的东西，也需要填写。

jí shǐ méi yǒu yào shēn bào de dōng xi , yě xū yào tián xiě.

您即使不买也没有关系。

nín jí shǐ bù mǎi yě méi yǒu guān xi.

5. 부사 多

'多'는 주로 단음절 형용사 앞에 쓰이며, 정도나 수량을 묻는데 사용된다.

我们还要等多长时间？

wǒ men hái yào děng duō cháng shí jiān?

你今年多大了？

nǐ jīn nián duō dà le?

这件行李有多重？

zhè jiàn xíng li yǒu duō zhòng?

단어

天气 tiān qì 명 날씨 | 尝 cháng 동 맛보다 | 考虑 kǎo lǜ 동 고려하다 | 台风 tái fēng 명 태풍 | 没关系 méi guān xi 괜찮다 | 重 zhòng 형 무겁다

1. 飞机正在 ______ 。비행기가 ~하고 있습니다.
fēi jī zhèng zài

(1) 发生颠簸 fā shēng diān bǒ

(2) 滑行 huá xíng

(3) 降落 jiàng luò

2. 现在可以 ______ 吗？ 지금 ~해도 될까요?
xiàn zài kě yǐ ma

(1) 使用卫生间 shǐ yòng wèi shēng jiān

(2) 使用手机 shǐ yòng shǒu jī

(3) 取行李 qǔ xíng li

(4) 打开电脑 dǎ kāi diàn nǎo

3. ______ 怎么办？ ~ 어떻게 하죠?
zěn me bàn

(1) 我耳朵很疼 wǒ ěr duo hěn téng

(2) 我有点儿晕机 wǒ yǒu diǎnr yùn jī

(3) 我的饮料洒了 wǒ de yǐn liào sǎ le

(4) 我的肚子不舒服 wǒ de dǔ zi bù shū fu

(5) 我的耳机不能用 wǒ de ěr jī bù néng yòng

4. 为什么 ________ ? 왜 ~?
wèi shén me

(1) 要延迟起飞 yào yán chí qǐ fēi

(2) 不能用洗手间 bù néng yòng xǐ shǒu jiān

(3) 看不了视频 kàn bu liǎo shì pín

(4) 屏幕打不开 píng mù dǎ bu kāi

1. 다음 문장에 알맞은 병음과 성조를 쓰고 한국어로 해석하세요.

(1) 请大家坐在座位上系好安全带。

병음과 성조 : ______________________________

해　　석 : ______________________________

(2) 已经到起飞时间了，飞机为什么还不起飞？

병음과 성조 : ______________________________

해　　석 : ______________________________

(3) 乘客的行李已经托运上了飞机。

병음과 성조 : ______________________________

해　　석 : ______________________________

(4) 晚到的乘客必须要等吗？

병음과 성조 : ______________________________

해　　석 : ______________________________

2. 다음 보기의 단어를 이용하여 빈 칸을 채우세요.

【보기】由于　　试试　　所以　　即使　　多

(1) (　　　) 没有申报的东西也需要填写海关申报单。

(2) 乘务员，我们还要等 (　　　) 长时间？

(3) 我可以 (　　　) 这件衣服吗？

(4) 因为今天有台风，(　　　) 飞机延迟起飞了。

(5) (　　　) 天气原因，我们的飞机可能会晚点。

3. 다음 주어진 단어를 어순에 맞게 배열하세요.

(1) 可以　卫生间　吗　使用　现在

문장 : ________________________________

(2) 不能　我们　飞机　的　起飞　按时

문장 : ________________________________

(3) 耳朵　有　乘客　一位　疼　很　的

문장 : ________________________________

(4) 不能　现在　行李　取

문장 : ________________________________

STORY 09

비행을 하다보면 예상치 못한 터뷸런스(CAT : Clear Air Turbulence)를 만나는 경우가 종종 있다. 필자는 비행을 하면서 다행히도 심각한 터뷸런스를 경험한 적이 없었으므로 비행 동기의 경험을 이야기해 보겠다. 홍콩으로 비행을 하고 있었고 한창 밀서비스를 진행하고 있었는데, 이코노미 클래스에서 한 승객이 식사를 하지 않고 4개의 좌석에서 누워 자고 있었다고 한다. 그런데 갑자기 터뷸런스가 발생해서 그 승객의 몸이 그대로 공중으로 떠서 당시 화장실을 다녀오던 승객과 눈이 마주쳤었다고 한다. 그 높이만큼 누워있던 승객은 공중부양을 했고 다행히도 그 자리로 바로 떨어져 다친 곳은 없었다고 한다. 뿐만 아니라 비즈니스 클래스에서는 승객이 스테이크와 레드와인을 드시던 중 레드와인 잔이 공중으로 뜬 후 땅에 떨어지면서 심하게 깨져 비즈니스석 승객의 하얀 와이셔츠를 붉게 물들였고, 뿐만 아니라 유리조각과 와인이 벗어 놓은 구두 위로 떨어져 매우 심각한 상황이 발생했었다고 한다. 엎친 데 덮친 격으로 그 승객의 직업은 펀드 매니저였는데, 홍콩에 도착하자마자 중요한 미팅에 참석을 해야 했기 때문에 승객은 자신의 셔츠와 구두를 보며 무척 당황해 했었다고 한다. 비즈니스 클래스에서 근무하는 아일(Aisle) 듀티와 갤리(시니어)는 즉시 사무장님께 보고하고 승객의 의사를 물어 갤리로 구두를 가져와 승객이 다치지 않게 구두 안쪽의 유리조각을 샅샅이 찾아내어 제거하고 구두에 튄 와인을 없애고자 열심히 구두를 닦아드렸다고 한다. 또한 사무장님은 와인으로 붉게 물든 와이셔츠를 위한 드라이크리닝 쿠폰을 제공하여 승객은 크게 문제 삼지 않았고, 오히려 자신의 구두를 닦아준 승무원들에게 고마워했다고 한다. 비행 동기가 겪은 터뷸런스는 그나마 다친 사람이 없었기에 다행이었던 것 같다. 이 글을 읽는 예비 승무원들이 비행을 할 때 이런 일을 겪게 되면 참고하길 바란다.

항공서비스
실무중국어

CHAPTER

12

착륙 전&후
着陆前 & 后

对话1 着陆准备

乘务员 我们的飞机马上就要着陆了，请和起飞时一样，将行李放置在前排座椅下方或者行李架上面。

wǒ men de fēi jī mǎ shàng jiù yào zhuó lù le, qǐng hé qǐ fēi shí yí yàng, jiāng xíng li fàng zhì zài qián pái zuò yǐ xià fang huò zhě xíng li jià shàng miàn.

乘客 好的，电子产品也要关掉吗？

hǎo de , diàn zǐ chǎn pǐn yě yào guān diào ma?

乘务员 是的，请关闭电子产品的电源，另外，请您系好安全带。

shì de , qǐng guān bì diàn zǐ chǎn pǐn de diàn yuán, lìng wài, qǐng nín jì hǎo ān quán dài.

乘客 现在可以使用卫生间吗？我想洗一下手。

xiàn zài kě yǐ shǐ yòng wèi shēng jiān ma? wǒ xiǎng xǐ yí xià shǒu.

乘务员 很抱歉乘客，现在飞机正在下降，比较危险。我可以帮您去拿一些湿巾。

hěn bào qiàn chéng kè, xiàn zài fēi jī zhèng zài xià jiàng, bǐ jiào wēi xiǎn. wǒ kě yǐ bāng nín qù ná yì xiē shī jīn.

단어

一样 yí yàng 형 같다 | 电子产品 diàn zǐ chǎn pǐn 명 전자제품 | 电源 diàn yuán 명 전원 | 关掉 guān diào 동 꺼버리다 | 关闭 guān bì 동 끄다 | 洗手 xǐ shǒu 손을 씻다 | 下降 xià jiàng 동 하강하다 | 危险 wēi xiǎn 형 위험하다 | 拿 ná 동 가지다 | 湿巾 shī jīn 명 물티슈

乘客 谢谢。

xiè xie.

乘务员 您好，这是您的湿巾。

nín hǎo, zhè shì nín de shī jīn.

착륙 준비

승무원 착륙 준비를 위해 가지고 계신 짐은 이륙 때와 마찬가지로 선반 위나 앞좌석 밑에 보관하여 주시기 바랍니다.

승객 네, 전자기기도 전원을 꺼야 하나요?

승무원 네, 전자기기의 전원을 반드시 꺼주셔야 합니다. 또한 좌석벨트를 착용하여 주시기 바랍니다.

승객 화장실을 사용해도 될까요? 손을 씻고 싶어서요.

승무원 지금은 착륙 중이라 위험합니다. 대신 제가 물티슈를 가져다드리도록 하겠습니다.

승객 고마워요.

승무원 물티슈 여기 있습니다.

对话2 着陆准备(商务舱 & 头等舱)

乘务员 这是起飞前替您保管的大衣。

zhè shì qǐ fēi qián tì nín bǎo guǎn de dà yī.

乘客1 谢谢！

xiè xie!

乘务员 这是为您保管的大衣。

zhè shì wèi nín bǎo guǎn de dà yī.

乘客2 辛苦了！

xīn kǔ le!

단어

替 tì 동 대신하다 | 辛苦 xīn kǔ 동 고생하다, 수고하다

착륙 준비(비즈니스& 퍼스트 클래스)

승무원 이륙 전 맡기신 코트 드리겠습니다.

승객1 고마워요.

승무원 보관해 드린 코트 드리겠습니다.

승객2 고생했어요.

对话3 滑行中

乘务员 您好，请您不要离开自己的座位，飞机还需要滑行一段距离，您先在座位上坐好，系好安全带。

nín hǎo, qǐng nín bú yào lí kāi zì jǐ de zuò wèi, fēi jī hái xū yào huá xíng yí duàn jù lí, nín xiān zài zuò wèi shàng zuò hǎo, jì hǎo ān quán dài.

乘客 不是已经到达了吗？

bú shì yǐ jīng dào dá le ma?

乘务员 在飞机到达停机坪安全停稳之前，请您耐心等待一下。

zài fēi jī dào dá tíng jī píng ān quán tíng wěn zhī qián, qǐng nín nài xīn děng dài yí xià.

단어

不要 bú yào ~하지 마라 | 离开 lí kāi 동 떠나다 | 滑行 huá xíng 동 활주하다 | 段 duàn 양 사물이나 시간 따위의 한 구분을 나타냄 | 距离 jù lí 명 거리 | 到达 dào dá 동 도착하다 | 停机坪 tíng jī píng 명 주기장 | 停稳 tíng wěn 동 완전히 멈추다 | 之前 zhī qián ~의 전 | 耐心 nài xīn 명 인내심

택싱(Taxing) 중

승무원 손님, 앉아주십시오. 비행기가 완전히 멈출 때까지 잠시만 자리에 앉아 벨트를 착용해 주십시오.

승객 도착한 거 아닌가요?

승무원 저희 비행기가 주기장에 도착하여 완전히 멈출 때까지 잠시만 더 기다려 주십시오.

1. 就要……了

'곧 ~하려고 한다'라는 의미로, 어떤 상황이 곧 변화하려고 하거나 새로운 상황이 곧 발생하려고 하는 것을 표시한다.

我们的飞机马上就要起飞了。
wǒ men de fēi jī mǎ shàng jiù yào qǐ fēi le.
乘客马上就要登机了。
chéng kè mǎ shàng jiù yào dēng jī le.
我们的飞机马上就要到达目的地了。
wǒ men de fēi jī mǎ shàng jiù yào dào dá mù dì dì le.

2. 和……一样

'~과 같다'라는 의미로 비교문에서 쓰인다.

这支口红的颜色和那支一样。
zhè zhī kǒu hóng de yán sè hé nà zhī yí yàng.
这款香水和那款的价格一样。
zhè kuǎn xiāng shuǐ hé nà kuǎn de jià gé yí yàng.

3. 不要

'~하지 마라'라는 의미로 주로 금지를 나타낸다.

请不要使用手机。

qǐng bú yào shǐ yòng shǒu jī.

请不要离开自己的座位。

qǐng bú yào lí kāi zì jǐ de zuò wèi.

4. 반어문 不是……吗？

'不是……吗'는 '~가 아닌가?'의 의미로 반어문을 표현한다.

飞机不是已经到达了吗？

fēi jī bú shì yǐ jīng dào dá le ma?

这不是你的手机吗？

zhè bú shì nǐ de shǒu jī ma?

一家人不是只需要填一张吗？

yì jiā rén bú shì zhǐ xū yào tián yì zhāng ma?

보충단어

目的地 mù dì dì 명 목적지

1. 我们的飞机马上就要 ______ 了。저희 비행기는 곧 ~합니다.
wǒ men de fēi jī mǎ shàng jiù yào le

(1) 起飞 qǐ fēi

(2) 着陆 zhuó lù

2. 请关闭 ______ 。~ 꺼주십시오.
qǐng guān bì

(1) 电子产品的电源 diàn zǐ chǎn pǐn de diàn yuán

(2) 手机 shǒu jī

(3) 电脑 diàn nǎo

(4) 平板电脑 píng bǎn diàn nǎo

1. 다음 문장에 알맞은 병음과 성조를 쓰고 한국어로 해석하세요.

(1) 现在飞机正在下降，比较危险。

병음과 성조 : ______________________________

해　　석 : ______________________________

(2) 这是起飞前替您保管的大衣。

병음과 성조 : ______________________________

해　　석 : ______________________________

(3) 飞机还需要滑行一段距离。

병음과 성조 : ______________________________

해　　석 : ______________________________

2. 다음 보기의 단어를 이용하여 빈 칸을 채우세요.

【보기】就要　一样　不要　不是

⑴ 飞机正在着陆，请（　　）离开自己的座位。

⑵ 你（　　）已经下飞机了吗？

⑶ 我们的飞机马上（　　）就要到达目的地了。

⑷ 这支口红的价格和那支（　　）。

3. 다음 주어진 단어를 어순에 맞게 배열하세요.

⑴ 飞机　着陆　了　就要　马上

문장 : ____________________

⑵ 关闭　的　电源　请　电子产品

문장 : ____________________

⑶ 耐心　请　一下　等待　您

문장 : ____________________

승무원들은 기내에서 이 · 착륙 시에 가끔 귀가 아파 우는 아이나 귀가 아프다고 고통을 호소하는 승객들을 볼 수 있다. 그 이유는 귀에는 압력을 조절해주는 기관이 있는데, 급작스러운 기압변화에 오작동할 수 있기 때문이다. 특히 이 · 착륙 시 압력 조정을 담당하는 기관이 오작동할 수 있는데 압력 조절을 제대로 못해주면 귀가 먹먹하거나 통증이 발생한다. 귀가 먹먹하거나 통증이 발생하면 입을 크게 벌려 하품을 하거나, 물을 마시거나, 껌을 씹거나, 사탕을 입에 넣고 침을 삼킬 수 있게 하면 압력이 조절되면서 귀가 편안해짐을 느낄 수 있다. 그래서 승무원들은 아이나 승객이 귀가 아프다고 하면 기내에 사탕이 있을 경우 사탕을 제공하곤 한다. 또한 귀에 통증이 발생했을 때 다른 방법으로는 손가락으로 코를 막고 콧바람을 부는 방법도 있으나 비염·감기 환자가 이 행동을 세게 할 경우 고막이 손상될 수 있으므로 주의하여야 한다.[5] 필자도 감기에 걸렸을 때 비행을 했었는데, 이륙할 때는 아무렇지도 않았지만 인천공항에 도착하여 착륙할 때는 귀가 찢어지는 것 같은 아픔과 동시에 '삐'소리가 귀를 울려서 승객들의 고통이 어땠는지를 알 수 있었다. 필자는 퇴근 후 중이염으로 의심이 되어 회사에서 지정한 이비인후과에 가서 진료를 받았는데 검사결과 항공성중이염으로 판정받아 4일간 비행을 쉬게 되었다. 귀로 인해 비행을 할 수 없었기에 스케줄들이 깨지고 매일매일 치료를 받으러 병원을 다녔었다. 치료 후 다시 귀는 정상적으로 돌아왔지만 다시 중이염의 고통을 겪고 싶진 않다. 비행기를 타기 전 비염이나 감기 등 기압에 영향을 받을 수 있는 질환이 있다면 미리 병원에 가서 의사에게 진료를 받고 비행기를 타는 것도 좋은 방법이 될 수 있을 것 같다. 또한 아이를 데리고 비행기를 탈 일이 생긴다면 사탕 등을 미리 준비하는 것도 좋을 듯하다.

5 이호기, "비행기 타면 귀가 먹먹하고 아파요" '항공성 중이염' 주요 증상과 개선법, 힐팁, 2018년 7월 6일(http://www.healtip.co.kr/news/)

항공서비스
실무중국어

CHAPTER

13

도착 후
到达后

对话1 送还保管衣物/行李(商务舱 & 头等舱)

乘务员 先生(or 会长)，这次飞行您还满意吗？这是替您保管的行李。

xiā sheng(or huì zhǎng), zhè cì fēi xíng nín hái mǎn yì ma? zhè shì tì nín bǎo guǎn de xíng li.

乘客 谢谢。

xiè xie.

乘务员 请您确认一下是否有物品遗漏。

qǐng nín què rèn yí xià shì fǒu yǒu wù pǐn yí lòu.

乘客 好的。

hǎo de.

乘务员 感谢您乘坐本次航班，再见。

gǎn xiè nín chéng zuò běn cì háng bān, zài jiàn.

乘客 辛苦了。

xīn kǔ le.

단어

飞行 fēi xíng 동 비행하다 | 满意 mǎn yì 형 만족하다 | 遗漏 동 yí lòu 빠지다 | 再见 zài jiàn 안녕히 가십시오, 안녕히 계십시오.

보관했던 행어/짐 드리기(비즈니스& 퍼스트 클래스)

승무원 회장님, 편안한 비행되셨습니까? 맡기신 짐 드리겠습니다.

승객 고마워요.

승무원 놓고 가시는 물건이 없는지 확인 부탁드립니다.

승객 네.

승무원 회장님, 감사합니다. 안녕히 가십시오.

승객 수고했어요.

对话2 下机问候

乘客1 辛苦了。

xīn kǔ le.

乘务员 谢谢，再见。

xiè xie, zài jiàn.

乘客2 我坐着都觉得很累，你们真是太辛苦了。

wǒ zuò zhe dōu jué de hěn lèi, nǐ men zhēn shì tài xīn kǔ le.

乘务员 您长时间坐在狭窄的空间里也非常辛苦，谢谢您的关心。

xín cháng shí jiān zuò zài xiá zhǎi de kōng jiān lǐ yě fēi cháng xīn kǔ, xiè xie nín de guān xīn.

乘客3 谢谢。

xiè xie.

乘务员 感谢您乘坐本次航班，下次旅行再见。

gǎn xiè nín chéng zuò běn cì háng bān, xià cì lǚ xíng zài jiàn.

단어

累 lèi 형 피곤하다 | 真是 zhēn shì 부 참, 정말 | 太 tài 부 아주, 너무 | 长时间 cháng shí jiān 명 오랫동안 | 狭窄 xiá zhǎi 형 비좁다 | 空间 kōng jiān 명 공간 | 非常 fēi cháng 부 대단히 | 关心 guān xīn 명동 관심(하다) | 下次 xià cì 명 다음 번 | 旅行 lǚ xíng 명동 여행(하다)

하기 인사

승객1 수고했습니다.

승무원 감사합니다. 안녕히 가십시오.

승객2 앉아만 있어도 힘든데, 고생 많았어요.

승무원 좁은 공간에서 오랫동안 앉아계시는 것도 힘드셨을 겁니다. 걱정해 주셔서 감사합니다.

승객3 감사합니다.

승무원 저희 항공사를 이용해 주셔서 감사합니다. 다음에 또 뵙겠습니다.

1. 부사 真是

'真是'는 '참, 정말'의 의미로 쓰인다.

您的服务真是太好了。

nín de fú wù zhēn shì tài hǎo le.

你们真是太辛苦了。

nǐ men zhēn shì tài xīn kǔ le.

2. 太……了

'太……了'는 '너무 ~하다, 아주 ~하다'라는 의미로 강조를 할 때나 쓰이는데, 太와 了의 사이에 주로 형용사를 사용한다.

风景太美了！

fēng jǐng tài měi le!

空姐的工作真是太累了！

kōng jiě de gōng zuò zhēn shì tài lèi le!

最近太忙了。

zuì jìn tài máng le.

보충단어

服务 fú wù 명 서비스 | 风景 fēng jǐng 명 경치 | 美 měi 형 아름답다, 예쁘다 | 空姐 kōng jiě 명 스튜어디스 | 最近 zuì jìn 명 최근 | 忙 máng 형 바쁘다

1. 请您确认一下 ______ 。~확인 부탁드립니다.
qǐng nín què rèn yí xià

(1) 是否有物品遗漏 shì fǒu yǒu wù pǐn yí lòu

(2) 您的行李物品 nín de xíng li wù pǐn

(3) 您购买的物品 nín gòu mǎi de wù pǐn

2. 下次 ______ 。다음에~.
xià cì

(1) 旅行再见 lǚ xíng zài jiàn

(2) 旅途再会 lǚ tú zài huì

(3) 再会 zài huì

1. 다음 문장에 알맞은 병음과 성조를 쓰고 한국어로 해석하세요.

⑴ 这次飞行您还满意吗？

병음과 성조 : ________________________________

해　　　석 : ________________________________

⑵ 请您确认一下是否有物品遗漏。

병음과 성조 : ________________________________

해　　　석 : ________________________________

⑶ 谢谢您乘坐本次航班，下次旅途再见。

병음과 성조 : ________________________________

해　　　석 : ________________________________

2. 다음 보기의 단어를 이용하여 빈 칸을 채우세요.

【보기】真是　　太　　感谢　　下次

(1) 他最近（　　　）忙了，没有时间休息。[休息 xiū xi, 쉬다]

(2) 你们的服务（　　　）好。

(3)（　　　）您乘坐我们的航班，（　　　）旅途再会。

3. 다음 주어진 단어를 어순에 맞게 배열하세요.

(1) 乘坐　航班　本次　感谢　您

문장 : ______________________________

(2) 工作　空姐　真的　的　辛苦　很

문장 : ______________________________

(3) 拿好　请　的　行李　您

문장 : ______________________________

STORY 11

비행기가 목적지에 도착하면 기내방송 업무자는 도착지 현지시간과 날씨 등을 방송하여 승객들에게 편의를 제공한다. 또한 비행기가 완전히 멈출 때까지 승객들의 안전을 위해 자리에 앉아서 기다릴 것을 당부하며 특히 비행기가 이동 중일 때 짐을 미리 빼려고 하는 승객들이 있는데, 특히 오버헤드 빈(Over Head-bin)을 열어 짐을 꺼내려는 승객이 있을 때에는 발견 즉시 승무원은 그 승객에게 달려가서 앉을 것을 강력하게 요구해야 한다. 비행기는 브릿지에 닿기 전까지는 계속 움직이므로 오버헤드 빈을 열었다가 그 안에 있던 짐이 떨어져 밑에 있는 승객의 머리에 떨어질 수 있기 때문이다. 뿐만 아니라 비행기 벨트사인이 꺼질 때까지는 전자제품의 사용도 자제시켜야 한다.

벨트사인이 꺼지면 승무원들은 도어사이드에 스텐바이를 하고 사무장의 방송에 따른 지시를 수행하며 앞쪽 문이 열리면 승객의 하기를 차례대로 돕는다. 승객들은 내리면서 승무원의 노고에 감사하는 말을 하는 경우가 많은데, 그럴 때 승무원은 끝까지 환하게 웃으며 감사의 말씀을 전하고, 뿐만 아니라 해당 항공사를 더욱 많이 이용해 줄 것을 당부한다면 회사 이미지도 더욱 좋아질 것이다.

승객이 모두 내리고 난 뒤 승무원들은 짐을 챙겨 바로 내리는 것이 아닌 Left Behind Check를 하는데, 이는 승객들이 깜빡한 짐을 찾아드릴 수 있게 하는 동시에 기내 보안/안전과 관련하여 수상한 물건이 없는지 반드시 체크해야 하는 절차이다. 뿐만 아니라 화장실 문을 활짝 열어 고정시켜 화장실에 남은 승객은 없는지 체크를 하고 기내 잡지랙, 오버헤드 빈, 좌석 밑 등을 눈으로 체크한다. 필자는 Left Behind Check를 보안과 안전을 이유로 엄청 열심히 했었는데 너무 열심히 하다가 좌석과 기내 바닥에 떨어진 엔화 동전을 주은 적이 꽤 있었다. 다행히 큰 돈은 아니었으나 지상직원에게 좌석번호와 함께 주은 돈을 전달하였다. 승객이 찾아갔는지는 모르겠지만 열심히 Left Behind Check를 하면서 동전을 주웠던 것이 지금도 기억에 남는다. 평소에는 동전을 주은 적이 거의 없는데, 기내에서는 너무 열심히 체크를 한 탓에 꽤 많이 주웠었다.

연습문제 풀이

CHAPTER 03

1. (1) wǒ shì běn cì háng bān de chéng wù cháng.

   저는 이번 항공편 사무장입니다.

   (2) qǐng dà jiā jiè shào yí xià zì jǐ bìng hù xiāng wèn hòu.

   여러분 서로 소개하고 인사할게요.

   (3) hěn gāo xìng rèn shi dà jiā.

   만나서 반갑습니다.

   (4) qǐng gè wèi chéng wù yuán xùn sù dēng jī, què rèn jī nèi ān quán.

   승무원들은 신속히 탑승하여 기내 안전 · 보안 체크를 해주시기 바랍니다.

2. (1) 比　(2) 有　(3) 的　(4) 请

3. (1) 请介绍一下洛杉矶的时差。　(2) 我有一个中国朋友。

   (3) 北京机场的天气怎么样？　(4) 今天的天气比昨天热。

CHAPTER 04

1. (1) běn cì háng bān qián wǎng luò shān jī.

   LA까지 가는 항공편입니다.

   (2) qǐng chū shì yí xià nín de dēng jī pái?

   탑승권 보여주시겠습니까?

   (3) qǐng wǎng guò dào lǐ bian zǒu.

안쪽 복도로 들어가시면 됩니다.

(4) wǒ de zuò wèi zài nǎr?

제 좌석은 어디인가요?

2. (1) 在　(2) 吗　(3) 可以　(4) 往　(5) 为了

3. (1) 这是我的登机牌。　(2) 您可以放在行李架上面。

(3) 请稍微侧一下身好吗？

CHAPTER 05

1. (1) yǒu xū yào ná chū de guì zhòng wù pǐn ma?

귀중품은 꺼내주시겠습니까?

(2) wǒ huì wèi nín sòng shàng rè máo jīn.

따듯한 타월 준비해 드리겠습니다.

(3) zhè shì nín yào de xiāng bīn.

말씀하신 샴페인입니다.

(4) gǎn xiè nín de pèi hé.

협조해 주셔서 감사합니다.

2. (1) 好　(2) 了　(3) 为

3. (1) 您的便服准备好了。　(2) 这是为您准备的耳机。

(3) 请问您需要什么饮料？　(4) 您坐的是紧急出口座位。

CHAPTER 06

1. (1) wǒ men wèi nín zhǔn bèi le cān qián yǐn liào.

식사 전에 음료 준비해 드리겠습니다.

(2) nín xū yào jiā bīng kuài ma?

얼음도 같이 넣어드릴까요?

(3) wǒ men xiān qù shàng hǎi , rán hòu zhuǎn jī qù bā lí.

저희는 먼저 상해에서 갈아타고 파리에 갈 겁니다.

(4) nín xū yào nǎ zhǒng hóng jiǔ?

어떤 와인으로 드릴까요?

2. (1) 吧　(2) 先　(3) 哪　(4) 就行

3. (1) 您是韩国人吗？　(2) 您需要先品尝一下吗？
(3) 我来帮您放置一下小桌板。　(4) 请给我一杯啤酒吧。

CHAPTER 07

1. (1) jīn tiān wèi nín zhǔn bèi le hán guó bàn fàn.

비빔밥 준비해 드리겠습니다.

(2) hǎi dài tāng yǒu diǎnr tàng , qǐng xiǎo xīn màn yòng.

미역국이 뜨겁습니다. 조심하십시오.

(3) xiàn zài kě yǐ wèi nín diǎn cān.

식사 주문받겠습니다.

(4) niú pái nín xiǎng yào jǐ fēn shú de?

스테이크는 어떻게 구워드릴까요?

2. (1) 有点儿　(2) 一点儿　(3) 想　(4) 几　(5) 的

3. (1) 这款香水有点儿贵。　(2) 这个行李箱是我的。
(3) 机上有多少位韩国乘客？

CHAPTER 08

1. (1) wǒ xiǎng kàn diàn yǐng , zhè ge píng mù zěn me dǎ kāi ne?
영화를 보려고 하는데, 스크린을 어떻게 켜죠?
(2) nín zhǐ yào chù mō píng mù jiù kě yǐ kàn le.
스크린을 터치하시면 보실 수 있습니다.
(3) hěn bào qiàn gěi nín dài lái bú biàn , qǐng shāo děng yí xià.
불편을 드려 죄송합니다. 잠시만 기다려 주십시오.

2. (1) 不了　(2) 只要　(3) 就　(4) 呢

3. (1) 这是呼叫乘务员的按钮。　(2) 我先帮您确认一下。
(3) 这个耳机听不了音乐。

CHAPTER 09

1. (1) wǒ men zhèng zài chū shòu miǎn shuì shāng pǐn.
기내면세품 판매하고 있습니다.
(2) nín shì shuā xìn yòng kǎ hái shì fù xiàn jīn?
현금과 카드 어떤 것으로 결제하시겠습니까?

(3) nín de mā ma jīng cháng shǐ yòng huà zhuāng pǐn ma?

어머님께서 화장을 자주 하시나요?

(4) wǒ xiǎng sòng gěi zhí zi yí fèn lǐ wù.

제가 조카에게 선물하려고 해요.

2. (1) 如果 (2) 还是 (3) 正在 (4) 不过 (5) 除了

3. (1) 您还需要别的商品吗? (2) 每位乘客只能携带一瓶酒。
(3) 请给我推荐一款化妆品。 (4) 这款商品已经销售完了。

CHAPTER 10

1. (1) méi yǒu yào shēn bào de dōng xi yě yào tián xiě ma.

신고할 물건이 없어도 작성하셔야 합니다.

(2) yì jiā rén tián xiě yì zhāng hǎi guān shēn bào dān jiù kě yǐ le.

세관신고서는 1인당 한 장이 아닌 가족당 한 장입니다.

(3) wǒ dài biǎo wǒ jiā rén tián ba.

저희가족 대표로 제가 한 장 작성하겠습니다.

2. (1) 和 (2) 要 (3) 位 (4) 次

3. (1) 韩国海关有哪些规定? (2) 您可以携带一瓶酒。
(3) 您有什么需要咨询的吗?

CHAPTER 11

1. (1) qǐng dà jiā zuò zài zuò wèi shàng jì hǎo ān quán dài.
   자리에 앉아 벨트 착용 부탁드립니다.
   (2) yǐ jīng dào qǐ fēi shí jiān le , fēi jī wèi shén me hái bù qǐ fēi?
   예정된 출발시간이 지났는데, 왜 비행기 문을 닫지 않고 있나요?
   (3) chéng kè de xíng li yǐ jīng tuō yùn shàng le fēi jī.
   승객의 짐이 수하물로 비행기에 실려 있습니다.
   (4) wǎn dào de chéng kè bì xū yào děng ma?
   늦은 사람을 기다려야 하나요?

2. (1) 即使　(2) 多　(3) 试试　(4) 所以　(5) 由于

3. (1) 现在可以使用卫生间吗？　(2) 我们的飞机不能按时起飞。
   (3) 有一位乘客耳朵很疼。　(4) 现在不能取行李。

CHAPTER 12

1. (1) xiàn zài fēi jī zhèng zài xià jiàng , bǐ jiào wēi xiǎn.
   지금은 착륙 중이라 위험합니다.
   (2) zhè shì qǐ fēi qián tì nín bǎo guǎn de dà yī.
   이륙 전 맡기신 코트 드리겠습니다.
   (3) fēi jī hái xū yào huá xíng yí duàn jù lí.
   비행기가 내릴 장소로 아직 이동 중입니다.

2. (1) 不要　(2) 不是　(3) 就要　(4) 一样

3. (1) 飞机马上就要着陆了。 (2) 请关闭电子产品的电源。
(3) 请您耐心等待一下。

CHAPTER 13

1. (1) zhè cì fēi xíng nín hái mǎn yì ma?
편안한 비행 되셨습니까?
(2) qǐng nín què rèn yí xià shì fǒu yǒu wù pǐn yí lòu.
놓고 가시는 물건이 없는지 확인 부탁드립니다.
(3) xiè xie nín chéng zuò běn cì háng bān , xià cì lǚ tú zài jiàn.
저희 항공사를 이용해 주셔서 감사합니다. 다음에 또 뵙겠습니다.

2. (1) 太 (2) 真是 (3) 感谢 下次

3. (1) 感谢您乘坐本次航班。 (2) 空姐的工作真的很辛苦。
(3) 请拿好您的行李。

부 록

항공사 코드

CODE	항공사명	국가	CODE	항공사명	국가	CODE	항공사명	국가
AAA	안셋항공(AN)	호주	DOB	도브렛항공	러시아	NWA	노스웨스트항공(NW)	미국
AAL	아메리칸항공(AA)	미국	DUB	두바이항공	아랍에미리트	OEA	오리엔트타이항공(OX*)	태국
AAQ	아시아아틀란틱항공(HB)	태국	EAK	Euro-Asia(5B*)	카자흐스탄	OKA	오케이항공(BK)	중국
AAR	아시아나항공(OZ)	대한민국	EIA	에버그린항공(EZ)	미국	PAC	폴라항공(PO)	미국
ABD	에어애틀랜타(CC)	아이슬랜드	EIN	링거스항공(EI)	아일랜드	PAL	필리핀항공(PR)	필리핀
ABL	에어부산(BX)	대한민국	ELY	이스라엘항공(LY)	이스라엘	PCA	피씨에어(GT)	태국
ABW	에어브리지화물항공(RU)	러시아	ERG	에비엔어고항공(7U)	러시아	PEC	동아시아화물(Q8)	필리핀
ACA	에어캐나다항공(AC)	캐나다	ESL	이스트라인에어라인(P7)	러시아	PIA	파키스탄항공(PK)	파키스탄
ACI	에어칼린(SB)	뉴칼레도니아	ESR	이스타항공(ZE)	대한민국	PLK	풀코보항공(Z8)	러시아
ADB	에어포일항공	러시아	ETD	에티하드항공(EY)	아랍에미리트	PRZ	파라다이스국제항공(AD)	인도네시아
AFL	러시아항공(SU)	러시아	ETH	이디오피안항공(ET)	에티오피아	QAF	카타르아미리항공	카타르
AFR	에어프랑스항공(AF)	프랑스	EVA	에바항공(BR)	대만	QDR	콰드로투어에어로	러시아
AHK	에어홍콩(LD*)	홍콩	EZD	에어아시아제스트(Z2)	필리핀	QTR	카타르항공(QR)	카타르
AIC	인도항공(AI)	인도	FDX	훼더럴익스프레스(FX)	미국	RBA	로얄브루나이항공(BI)	브루나이
AIH	에어인천(KJ)	대한민국	FEA	원동항공(EF)	대만	RJA	요르단항공(RJ)	요르단
AJX	에어제팬(NQ)	일본	FIN	핀항공(AY)	핀란드	RKH	로얄크메르항공(RK)	캄보디아
AMU	에어마카오항공(NX)	중국	FRT	에어플라이트에어라인	러시아	RMK	루스아비아항공	러시아
AMX	멕시코항공(AM)	멕시코	GAP	핀리핀항공(2P)	필리핀	RUA	르완다항공(9R)	르완다
ANA	전일본항공(NH)	일본	GCO	제머니항공(GR*)	미국	RUR	루스항공(NR)	러시아
ANG	에어뉴기니(PX)	파퓨아뉴기니	GCR	중국천진항공(GS)	중 국	SAA	SAA항공(SA)	남아연방
ANZ	뉴질랜드항공(NZ)	뉴질랜드	GDI	그랜드에어(8L)	필리핀	SAB	사베나항공(SN)	벨기에
APJ	에어피치(MM)	일본	GEC	독일화물항공(LH)	독 일	SAH	사야하트에어(W7*)	러시아
ARG	아르헨티나항공(AR)	아르헨티나	GFA	걸프항공(GF)	바레인	SAS	스칸디나비아항공(SK)	스웨덴
ASA	알라스카항공(AS)	미국	GIA	가루다항공(GA)	인도네시아	SBI	시베리아항공(SB)	러시아
ASV	에어서울(RS)	대한민국	GTI	아틀라스에어(5Y)	미국	SCO	스쿠트항공(TZ)	싱가포르
AUA	오스트리아항공(OS)	오스트리아	HAL	하와이안에어(HA)	미 국	SFJ	스타플라이어(7G)	일본
AWE	미서부항공(HP)	미국	HAN	한성항공(HS)	대한민국	SHU	사할린스키항공(HZ)	러시아
AYZ	아틀란트사유즈(3G)	러시아	HDA	드래곤항공(KA)	홍콩	SIA	싱가폴항공(SQ)	싱가포르
AZA	알리따리아항공(AZ)	이태리	HKE	홍콩익스프레스	홍콩	SKY	스카이마크항공(BC)	일본
AZG	실크웨이웨스트(7L)	아제르바이잔	HVN	베트남항공(VN)	베트남	SLK	실크에어(MI)	싱가포르
AZS	지토트랜스사AV	러시아	IAC	인도항공(IC)	인도	SOO	미국남부항공(9S*)	미국
BAL	브리따니아항공(BY)	영국	IBE	이베리아항공(IB)	스페인	SQC	싱가폴항공화물	싱가폴
BAW	영국항공(BA)	영국	IKT	야쿠타비아트랜스(K7)	러시아	SRT	트랜스아시안에어항공(T7)	러시아

CODE	항공사명	국가	CODE	항공사명	국가	CODE	항공사명	국가
BCC	비즈니스항공(8B)	태국	IKT	야쿠타비아트랜스(K7)	러시아	SVA	사우디아라비아항공(SV)	사우디
BKL	바이칼항공(X3)	러시아	IRA	이란항공(IR)	이란	SVT	사카비아트랜스	러시아
BOX	아에로로직(3S)	독일	JAA	젯아시아항공(JF)	태국	SWM	스카이윙스아시아(ZA)	캄보디아
CAL	중국항공(CI)	중국	JAL	일본항공(JL)	일본	SWR	스위스항공(SR)	스위스
CBJ	북경수도항공(JD)	중국	JJA	제주항공(7C)	대한민국	SYL	야쿠티아항공(R3)	러시아
CCA	중국국제항공(CA)	중국	JNA	진에어(LJ)	대한민국	TAP	포루투갈항공(TP)	포르투갈
CDG	중국산동항공(SC)	중국	KAL	대한항공(KE)	대한민국	TAX	타이에어아시아엑스(XJ)	태국
CDN	캐나다항공(CP)	캐나다	KHV	캄보디아앙코르항공(K6)	캄보디아	THA	타이항공(TG)	태국
CEB	세부퍼시픽에어(5J)	필리핀	KJC	크리스로야르스크(7B)	러시아	THY	터어키항공(TK)	터키
CES	중국동방항공(MU)	중국	KLM	KLM항공(KL)	네덜란드	TKY	타이스카이항공(9I)	태국
CHH	하이난항공(HU)	중국	KOR	고려항공(JS)	북한	TNA	Transasia Airways(GE)	대만
CKK	중국화물항공(CK)	중국	KRI	에비아킴피니그릴로	러시아	TSX	Trans-Asia	카자흐스탄
CKS	칼리타항공(K4)	미국	KZA	카자흐스탄항공(K4)	카자흐스탄	TTW	타이거에어(IT)	대만
CLX	카고룩스에어(CV)	룩셈부르크	KZK	카자흐스탄항공(9Y)	러시아	TUP	아비아스타-투(4B)	러시아
CMI	콘티넨탈항공(CS)	미국	KZR	아스타나항공(4L)	카자흐스탄	TWB	티웨이항공(TW)	대한민국
CPA	캐세이퍼시픽항공(CX)	중국	LAO	라오항공(QV)	라오스	TWN	아비아리즘항공사(AD*)	우즈베키스탄
CQH	중국춘추항공(9C)	중국	LAZ	불가리아항공(LZ)	불가리아	UAE	에미레이트항공사(EK)	아랍에미리트
CRK	홍콩중부항공(HX)	홍콩	LKE	럭키항공(8L)	중국	UAL	유나이티드항공(UA)	미국
CSA	체코항공(OK)	체코	LNI	라이언항공(JT)	인도네시아	UIA	유니항공	대만
CSC	중국사천항공(3U)	중국	LOT	롯항공(LO)	폴란드	UPS	유피에스항공(5X)	미국
CSH	중국상해항공(FM)	중국	LYN	알틴항공(QH)	키르키즈스탄	USA	유에스항공(US)	미국
CSN	중국남방항공(CZ)	중국	MAS	말레이시아항공(MH)	말레이시아	UZB	우즈베키스탄항공(HY)	우즈베키스탄
CSW	SW 이탈리아항공(IU)	이탈리아	MDA	만다린항공(AZ)	대만	VAX	브이에어(ZV)	대만
CSZ	중국심천항공(ZH)	중국	MGL	몽골항공(OM)	몽골	VDA	볼가화물항공	러시아
CXA	중국하문항공(MF)	중국	MMZ	유로아틀란틱에어웨이(MM)	포르투갈	VJC	비엣젯항공(VJ)	베트남
CXJ	중국신지앙항공(XO)	중국	MPH	마틴항공(MP)	네덜란드	VKO	브노코프항공(V5)	러시아
CXN	중국서남항공(SZ)	중국	MSR	이집트항공(MS)	이집트	VLK	블라디보스톡항공(XF)	러시아
CYH	중국운남항공(3Q)	중국	MVL	마가단에어라인(H5)	러시아	VNL	바닐라에어(JW)	일본
CYZ	중국우정항공(CF)	중국	MXA	멕시코항공(MX)	멕시코	VSP	VASP항공(VP)	브라질
DAH	알제리항공(AH)	알제리아	NCA	일본화물항공(KZ)	일본	WAJ	바닐라항공 (에어아시아재팬)(JW)	일본
DAL	델타항공(DL)	미국	NCT	녹스쿠트항공(XW)	태국	WGN	웨스턴글로벌항공(KD)	미국
DKH	중국길상항공(HO)	중국	NGA	나이지리아항공(WT)	나이지리아	WOA	월드항공(WO)	미국
DLH	루프트한자항공(LH)	독일	NLB	노보시빌스크항공(NL)	러시아	XAX	에어아시아(D7)	말레이시아
DMO	도모데도보항공(E3)	러시아	NVI	Avial NV Ltd.	러시아	YZR	중국양쯔강항공(Y8)	중국

출처 : 한국공항공사(http://www.airport.co.kr/)

공항코드

구분	공항코드	공항명(영문)	구분	공항코드	공항명(영문)
한국	GMP	김포(GIMPO)	중동 및 아프리카		아테네(ATHENS)
한국	ICN	인천(INCHEON)	중동 및 아프리카	AUH	아부다비(ABU DHABI)
한국	PUS	부산(BUSAN)	중동 및 아프리카	BAH	바레인(BAHRAIN)
한국	CJU	제주(JEJU)	중동 및 아프리카	BWG	바그다드(BAGHDAD)
한국	TAE	대구(DAEGU)	중동 및 아프리카	CAI	카이로(CAIRO)
한국	USN	울산(ULSAN)	중동 및 아프리카	DXB	두바이(DUBAI)
한국	CJJ	청주(CHEONGJU)	중동 및 아프리카	JED	제다(JEDDAH)
한국	WJU	원주(WONJU)	중동 및 아프리카	JRS	예루살렘(JERUSALEM)
한국	YNY	양양(YANGYANG)	중동 및 아프리카	KWI	쿠웨이트(KUWAIT)
한국	MWX	무안(MUAN)	중동 및 아프리카	RUH	리야드(RIYADH)
한국	KWJ	광주(GWANGJU)	중동 및 아프리카	RUH	리야드(RIYADH)
한국	RSU	여수(YEOSU)	중동 및 아프리카	THR	테헤란(TEHERAN)
한국	HIN	진주(JINJU)	중동 및 아프리카	TIP	트리폴리(TRIPOLI)
한국	KPO	포항(POHANG)	중동 및 아프리카	TLV	텔아비브(TELAVIV)
한국	KUV	군산(GUNSAN)	아시아	ALA	알마티(ALMATY)
미주	ANC	앵커리지(ANCHORAGE)	아시아	BKI	코타키나발루(KOTAKINABALU)
미주	ATL	애틀랜타(ATLANTA)	아시아	BKK	방콕(BANGKOK)
미주	BOS	보스톤(BOSTON)	아시아	BOM	뭄베이(MUMBAI)
미주	BVE	부에노스 아이레스(BUENOS AIRES)	아시아	CCU	캘커타(KOLKATA)
미주	CHI	시카고(CHICAGO)	아시아	CMB	콜롬보(COLOMBO)
미주	CVG	신시네티(CINCINNATI)	아시아	DEL	델리(DELHI)
미주	DEN	덴버(DENVER)	아시아	DPS	덴파사(DENPARSAR)
미주	DFW	달라스 포트워스 (DALLAS FORT WORTH)	아시아	HAN	하노이(HANOI)
미주	DTW	디트로이트(DETROIT)	아시아	HKG	홍콩(HONG KONG)
미주	FAI	훼어뱅크(FAIRBANKS)	아시아	HKT	푸켓(PHUKET)
미주	GIG	라우데자네이루(RIO DE JANEIRO)	아시아	JKT	자카르타(JAKARTA)
미주	GUM	괌(GUAM)	아시아	KCH	쿠칭(KUCHING)
미주	HNL	호놀룰루(HONOLULU)	아시아	KUL	쿠알라룸푸르(KUALA LUMPUR)
미주	HOU	휴스턴(HOUSTON)	아시아	KHH	카오슝(KAOHSIUNG)
미주	LAX	로스엔젤스(LOS ANGELES)	아시아	MNL	마닐라(MANILA)
미주	MCO	올랜도(ORLANDO)	아시아	PEN	페낭(PENANG)
미주	MEX	멕시코시티(MEXICO)	아시아	SGN	호치민(HO CHI MINH)
미주	MIA	마이애미(MIAMI)	아시아	SIN	싱가포르(SINGAPORE)
미주	MSP	미니애폴리스	아시아	TAS	타슈켄트(TASHKENT)

구분	공항코드	공항명(영문)	구분	공항코드	공항명(영문)
		(MINNEAPOLIS/ST.PAUL)			
미주	MSY	뉴올리언즈(NEW ORIEANS)	아시아	TPE	대만(TAIPEI)
미주	NYC	뉴욕(NEW YORK)	아시아	ULN	울란바타르(ULAANBAATAR)
미주	PDX	포틀랜드(PORTLAND)	유럽	AMS	암스테르담(AMSTERDAM)
미주	PHL	필라델피아(PHILADELPHIA)	유럽	BCN	바르셀로나(BARCELONA)
미주	RIO	라우데자네이루(RIO DE JANEIRO)	유럽	BER	베를린(BERLIN)
미주	SEA	시애틀(SEATTLE)	유럽	BRU	브뤼셀(BRUSSELS)
미주	SAO	쌍파울로(SAO PAULO)	유럽	CGN	퀼른/본(COLOGNE/BONN)
미주	SFO	샌프란시스코(SAN FRANCISCO)	유럽	CPH	코펜하겐(COPENHAGEN)
미주	SAN	샌디에고(SAN DIEGO)	유럽	FRA	프랑크푸르트(FRANKFURT)
미주	WAS	워싱턴(WASHINGTON DC)	유럽	GVA	제네바(GENEVA)
미주	YEG	에드먼튼(EDMONTON)	유럽	HEL	헬싱키(HELSINKI)
미주	YMX	몬트리올(MONTREAL)	유럽	HAM	함부르크(HAMBURG)
미주	YTZ	토론토(TORONTO)	유럽	KHV	하바로브스크(KHABAROVSK)
미주	YVR	밴쿠버(VANCOUVER)	유럽	KJA	크라스노야르스크(KRASNOJARC)
일본	AOJ	아오모리(AOMORI)	유럽	LON	런던(LONDON)
일본	FUK	후쿠오카(FUKUOKA)	유럽	LUX	룩셈부르크(LUXEMBOURG)
일본	HIJ	히로시마(HIROSHIMA)	유럽	MAD	마드리드(MADRID)
일본	HND	하네다(HANEDA)	유럽	MOW	모스크바(MOSCOW)
일본	KIJ	니카타(NIIGATA)	유럽	PAR	파리(PARIS)
일본	KKJ	기타큐슈(Kitakyushu)	유럽	ROM	로마(ROME)
일본	KMJ	구마모토(KUMAMOTO)	유럽	SOF	소피아(SOFIA)
일본	KMQ	고마쓰(KOMATSU)	유럽	STO	스톡홀름(STOCKHOLM)
일본	KOJ	가고시마(KAGOSHIMA)	유럽	VVO	블라디보스토크(VLADIVOSTOK)
일본	MYJ	마쓰야마(MASUYAMA)	유럽	ZRH	취리히(ZURICH)
일본	NGO	나고야(NAGOYA)	대양주	AKL	오클랜드(AUCKLAND)
일본	NGS	나가사키(NAGASAKI)	대양주	BNE	브리즈번(BRISBANE)
일본	NRT	나리다(NARITA)	대양주	CHC	크라이스트처치(CHRISTCHURCH)
일본	OIT	오이타(OITA)	대양주	CNS	케언스(CAIRNS)
일본	OKJ	오카야마(OKAYAMA)	대양주	SYD	시드니(SYDNEY)
일본	OSA	오사카(OSAKA)	대양주	NAN	난디(FIJI, NANDI)
일본	SDJ	센다이(SENDAI)	뉴욕(NYC)	JFK	JOHN F KENNEDY
일본	SPK	삿뽀로(SAPPORO)	뉴욕(NYC)	EWR	NEWARK
일본	SYO	쇼나이(SYONAI)	뉴욕(NYC)	LGA	LA GUARDIA
일본	TAK	다카마쓰(DAKAMETSU)	파리(PAR)	CDG	CHARLES DE GAULLE
일본	TOY	도야마(TOYAMA)	파리(PAR)	ORY	ORLY
일본	TTJ	돗토리(TOTTORI)	런던(LON)	LHR	HEATHROW

구분	공항코드	공항명(영문)	구분	공항코드	공항명(영문)
중국	PEK	베이징(BEIJING)	런던(LON)	LGW	GATWICK
중국	CAN	광조우(GUANGZHOU)	워싱톤(WAS)	DCA	NATIONAL
중국	CGQ	장춘(CHANGCHUN)	워싱톤(WAS)	IAD	DULLES
중국	DLC	대련(DALIAN)	동경(TYO)	NRT	NARITA
중국	HRB	하얼빈(HARBIN)	동경(TYO)	HND	HANEDA
중국	TAO	칭다오(QINGDAO)	오사카(OSA)	ITM	ITAMI
중국	SHA	상하이(SHANGHAI)	오사카(OSA)	KIX	KANSAI
중국	TSN	텐진(TIANJIN)	에드먼튼(YEG)	YED	NAMOA FIELD
중국	SHE	심양(SHENYANG)	에드먼튼(YEG)	YEG	INTERNATIONAL
중국	XMN	샤먼(XIAMEN)	에드먼튼(YEG)	YXD	MUNICIPAL
중국	YNT	옌타이(YANTAI)	베를린(BER)	SXF	SCHOENEFELD EAST DD
중국	SIA	시안(XIAN)	베를린(BER)	TXL	TEGEL WEST DE
중국	KMG	쿤밍(KUNMING)	바그다드(BGW)	BGW	AL MUTHANA
중국	SYX	산야(SANYA)	바그다드(BGW)	SDA	SADDAN INT'L
중국	WUH	우한(WUHAN)	시카고(CHI)	MDW	MDIWAY
중국	YNJ	옌지(YANJI)	시카고(CHI)	ORD	O'HARE INT'L
중국	WEH	위해(WEIHAI)	코펜하겐(CPH)	CHP	COPENHAGEN AIRPORT
			코펜하겐(CPH)	RKE	ROSKILDE AIRPORT
			디트로이트(DTW)	DET	DETROIT CITY
			디트로이트(DTW)	DTW	WAYNE COUNTRY

출처 : 한국공항공사(http://www.airport.co.kr/)

도시코드

도시코드	도시명	공항명	국가
AAN	AI AIN	알아인	아랍에미리트
ABA	ABAKAN	아바칸	러시아
ABL	ABALAN	아발란	러시아
ACD	ACANDI	아칸디	콜롬비아
ACY	ATLANTIC CITY	애틀랜타	미국
ADD	ADDIS ABABA	아디스아바바	에티오피아
ADE	ADEN	예맨	예맨
ADK	ADAK	애디악	미국
ADL	ADELAIDE	아드레이드	호주
ADQ	KODIAK ALS	코디악	미국
AKJ	ASAHIKAWA	아사이까와	일본
AKL	AUCKLAND	오클랜드	뉴질랜드
AKN	KING SALMAN	킹살몬	미국
AKX	AKTYUBINSK	악티유빈스크	카자흐스탄
ALA	ALMA ATA	알마아타	카자흐스탄
ALB	ALBANY	알바니	미국
ALG	ALGIERS	알지에	알제리
AMA	AMARILLO	애머릴로	미국
AMD	AHMEDABAD	아메다바드	인도
AMM	AMMAN	암만	요르단
AMS	AMSTERDAM	암스테르담	네덜란드
ANC	ANCHORAGE	앵커리지	미국
AND	ANDERSEN	안데르센	미국
ANK	ANKARA	앙카라	터키
AOJ	AOMORI	아오모리	일본
AQJ	AQABA	아카바	요르단
ARH	ARHANGELSK	아르항겔스크	러시아
ARN	STOCKHOLM ARLANDA	스톡홀름 알란다	스웨덴
ASB	ASHKHABAD	아쉬가바트	투르크메니스탄
ASC	DEADHORSE	데드호스	미국
ASP	ALICE SPRINGS	엘리스 스프링스	호주
ATH	ATENES	아테네	그리스
ATL	ATLANTA	애틀랜타	미국
AUH	ABU DHABI	아부다비	아랍에미리트

도시코드	도시명	공항명	국가
AUS	AUSTIN TEXAS	오스틴	미국
AVV	AVALON	아발론	러시아
AWA	AWASA	아와사	에티오피아
AXT	AKITA	아끼다	일본
AYT	ANTALYA	안탈야	터어키
AZN	ANDIZAHAN	안디잔	우즈베키스탄
BAH	BAHRAIN	바레인	바레인
BAK	BAKU	바쿠	러시아
BAS	BUENOSAIRES	부에노스아이레스	브라질
BAX	BARNAUL	바르나욜	러시아
BBU	BUCHAREST	부카레스트	루마니아
BCH	BAUCAU	바카우	인도네시아
BCN	BARCELONA	바로셀로나	스페인
BDA	BERMUDA	버뮤다	영국
BDL	BRADLEY INTL AIRPORT	브라들리(윈저락)	미국
BEG	BELGRADE	베오그라드	루마니아
BEN	BENGHAZI-BENINA	벤하지-베니아	리비아
BER	BERLIN	베르린	독일
BET	BETHEL	베델	미국
BEY	BEIRUT	베이루트	레바논
BFI	BOEING FIEL	보잉필드	미국
BFN	MOBIL	모빌	미국
BFS	BELFAST	벨패스트	영국
BGR	BANGOR	반고르	미국
BHK	BUKHARA	부하라	우즈베키스탄
BIE	BISHKEK	비슈케크	키르기즈스탄
BIK	BIAK	비아크	인도네시아
BKA	MOSCOW-BYKOVO	모스코바 비코보	러시아
BKI	KOTA KINABALU	코타키나발루	말레이시아
BKK	BANGKOK	방콕	태국
BLL	BILLUND	빌란드	덴마크
BLR	BANGALORE	뱅갈로	인도네시아
BMA	STOCKHOLM	스톡홀름	스웨덴
BMK	BANGKOK	돈무앙	태국
BNA	NASHVILLE	나쉬빌	미국
BNE	BRISBANE	브리스번	호주
BOM	MUMBAI	뭄바이	인도

도시코드	도시명	공항명	국가
BOS	BOSTON	보스톤	미국
BPN	BALIKPAPAN	발릭파판	인도네시아
BQH	BIGGIN HILL	비긴힐	영국
BQS	BLAGOVESCHENSK	블라고베첸스크	러시아
BRE	BREMEN	브레멘	독일
BRU	BRUSSELS	브뤼셀	벨기에
BSL	BASEL	바젤	스위스
BST	BOST	보스트	아프가니스탄
BTH	BATAM	바탐	인도네시아
BTK	BRATSK	브라츠크	러시아
BTU	BINTULU	빈투루	말레이시아
BUD	BUCHAREST	부다페스트	루마니아
BUH	BUCHUREST	부쿠레스트	루마니아
BUR	BURBANK	버뱅크	미국
BWI	BALTIMORE	볼티모어	미국
BWN	BANDAR SERI BEGAWAN	반다르세리베가완	브루나이
BWT	BURNIE	브루나이	호주
CAI	CAIRO	카이로	이집트
CAN	GUANGZHOU BAIYUN	광저우	중국
CBG	CAMBRIDGE	켐브리지	미국
CCK	CAMCHASKI	캄차스키	러시아
CCU	CALCUTTA	캘커타	인도
CDB	COLD BAY	콜드베이	미국
CDG	CHARLES DE GAULLE	파리	프랑스
CEB	CEBU	세부	필리핀
CEI	CHIANGMAI	치앙마이	태국
CEK	CHELYABINSK	쉘야빈스크	러시아
CGK	JAKARTA	자카르타	인도네시아
CGN	COLOGNE/BONN	퀄른	독일
CGO	ZHENGZHOU	정주	중국
CGP	CHITTAGONG	치타공	방글라데시
CGQ	CHANGCHUN	장춘	중국
CHC	CHRISTCHURCH	크리스트처칠	뉴질랜드
CHI	CHICAGO	시카고	미국
CHR	CHATEAUROUX	샤토루	프랑스
CHS	CHARLESTON MUNICIPAL	찰스턴 뮤니시플	미국
CIA	ROME	로마	이탈리아

도시코드	도시명	공항명	국가
CIT	CHIMKENT	침켄트	카자흐스탄
CJJ	CHEONGJU	청주	한국
CJU	JEJU	제주	한국
CKG	CHONGQING	총킹(중경)	중국
CKL	CHEKALOVSKY	체칼로브스키	러시아
CKT	CHIMKENT	침켄트	러시아
CLT	CHARLOTTE	샤롯테	미국
CMB	COLOMBO	콜롬보	스리랑카
CMF	CHAMBERY	쳄버리	프랑스
CMH	COLUMBUS	콜롬부스	미국
CNS	CAIRNS	캐언스	호주
CNX	CHIANG MAI	치앙마이	태국
CPH	COPENHAGEN	코펜하겐	덴마크
CPM	COMPTON	콤프톤	미국
CPT	CAPETOWN	케이프타운	남아프리카
CRK	CLARKFIELD	클라크 필드	필리핀
CRZ	CHARDZHEV	차조우	투르크메니스탄
CSX	CHANGSHA	창사	중국
CTI	CUITO-CUANAVALA	쿠이토쿠아나발레	앙골라
CTS	SAPPORO	삿보로(치토세)	일본
CTU	CHENGDU	청두	중국
CVG	CINCINNATI	신시내티	미국
CYI	CHIAYI	치아이	태국
CZX	CHANGZHOU	창저우	중국
DAC	DHAKA	다카	방글라데시
DAD	DANANG	다낭	베트남
DAL	DALLAS	달라스	미국
DAR	DAR ES SALAAM	다르에스 살람	탄자니아
DAY	DAYTON	데이톤	미국
DBV	DUBROVNIK	두브로브니크	크로아티아
DCA	WASHINGTON NATL	와싱턴 국립	미국
DDG	Dandong	단동	중국
DDJ	MYJ	마즈야마	일본
DEL	DELHI	델리	인도
DEN	DENVER	덴버	미국
DET	DETROIT	디트로이트	미국
DFW	DALLAS/FORT WORTH	달라스	미국

도시코드	도시명	공항명	국가
DGO	DURANGO	도루카	멕시코
DHA	DHAHRAN	다란	사우디아라비아
DJE	DJERBA	제르바	튀니지
DKR	DAKAR	다카르	세네갈
DLC	DALIAN	대련	중국
DLH	DULUTH INTL	덜루스	미국
DMB	ZHAMBYL	잠불	러시아
DME	DOMODEDOVO	도모데도보	러시아
DMK	DON MUANG	돈무앙	태국
DMM	DAMMAM	담맘	사우디아라비아
DNA	ODINAWA	오디나와	일본
DOH	DOHA	도하	카타르
DOV	Dover-Cheswold AFB	도버체스올드	미국
DPS	DENPASAR	덴파사	인도네시아
DRS	DRESDEN	드레스덴	독일
DRW	DARWIN	다윈	호주
DSM	DES MOINES	디모인	미국
DTT	DETROIT	디트로잇	미국
DTW	DETROIT METROPOLITAN	디트로이트	미국
DUB	DUBLIN	더블린	아일랜드
DVO	DAVAO	다바오	필리핀
DWF	DAYTON WRIGHR	데이톤	미국
DWN	DWN	브루나이	브루나이
DXB	DUBAI	두바이	아랍에미리트
DYG	DAYONG	장가계(대용)	중국
YMX	MONTREAL MIRABEL	몬트리얼	캐나다
YNJ	YANJI	연길	중국
YNT	YANTAI	연대	중국
YNY	YANGYANG	양양	한국
YNZ	YANCHEN	염성	중국
YOK	YOKOHAMA	요코하마	일본
YQG	WINDSOR LOCKS	윈저락	캐나다
YQX	ST. THOMAS	세인트토마스	캐나다
YTO	TORONTO	토론토	캐나다
YUL	MONTREAL	몬트리올	캐나다
YVR	VANCOUVER	뱅쿠버	캐나다
YWG	WINNIPEG	위니펙	캐나다

도시코드	도시명	공항명	국가
YXX	EVOTHSFORD	애보츠포드	캐나다
YXY	WHITEHORSE	화이트호스	캐나다
YYC	CALGARY	캘거리	캐나다
YYZ	TORONTO	토론토	캐나다
YZD	DOWNSVIEW	다운스비위	캐나다
YZF	YELLOWKNIFE	옐로우나이프	캐나다
ZRH	ZURICH	취리히	스위스
SSC	SHAW AFB	쇼우공군비행장	미국
HMA	KHANTY-MANSIYSK	칸티-만시스크	러시아
RJO	IWAKUNI	이와쿠니	일본
PVU	PROVO MUNICIPAL	유니시펄공항	미국
CLD	CARLSBAD	칼스바드	미국
IUD	AL UDEID	알우데이드	카타르
LIN	MILANO	밀라노	이탈리아
GUW	ATYRAU	아테라우	카자흐스탄
FEZ	FEZ SAISS	페스사이스	모로코
CHO	CHOFU	초후	일본
CCS	CARACAS	카라카스	베네수엘라
MHV	MOJAVE	모하비	미국
ASR	KAYSERI	케이세리	터키
IKA	TEHRAN	테헤란	이란
UJN	ULJIN	울진	한국
TSJ	TSUSHIMA	쓰시마	일본
UUB	RAMENSKOYE	라멘스쿠예	러시아
KBP	BORYSPIL	보리스필	우크라이나
UUR	TAGANROG	타간로크	러시아
ABZ	ABERDEEN	에버딘	영국
CRQ	CARLSBAD	칼스바드	미국
AGR	AGRA	아그라	인도
NVI	NAVOI	나보이	우즈베키스탄
OAA	BAGRAM	바그람	아프가니스탄
MYZ	MACHYAMA	마츠야마	일본
AER	ADLER SOCHI	소치	러시아
YQB	QUEBEC	퀴백	캐나다
VCP	VIRACOPOS	브라코프스	브라질
BTS	BRATISLAVA	브라티슬로바	슬로바키아
UKB	KOBE	고베	일본

도시코드	도시명	공항명	국가
LIM	LIMA	리마	페루
RGT	MAMTU	남투	미얀마
PTK	PONTIAC	폰티악	미국
PTN	PINGDONG	핑퉁	대만
PTY	TOCUMEN INTERNATIONAL	토쿠멘	파나마
PUS	BUSAN(GIMHAE)	김해	한국
PUY	PULA	풀라	크로아티아
PVG	PUDONG	푸동	중국
PWK	CHICAGO	시카코	미국
PWQ	PAVLODAR	파블로다	카자흐스탄
QOM	OMIYA	오미야	일본
QPG	PAYALEBAR	파야레바	싱가포르
RAM	RAMINGNING	라밍닝	호주
REK	REYKJAVIK APT ICELAN	레이퀘빅	영국
REP	SIEM REAP	씨엠립	캄보디아
RGN	YANGON	랑군	미얀마
RIO	RIO DE JANERIO	리오데자네이로	브라질
RIV	MARCH	캘리포니아	미국
RIX	RIGA	리가	라트비아
RMQ	TAICHUNG	따이쭝	대만
RMS	RAMSTEIN	램스타인	독일
RNO	RENO	리노	미국
ROG	ROGERS	로저스	미국
ROK	ROCKHAMPTON	록햄튼	호주
ROM	ROME	로마	이탈리아
ROR	COROR	코로르	미국
ROV	ROSTOV	로스토프	러시아
ROW	ROSWELL	로스웰	미국
RSU	YOSU	여수	한국
RUH	RIYADH	리야드	사우디아라비아
RUN	RUSAKA	루사카	루안다
SAK	SAKHALINSK	사카린스크	러시아
SAN	SAN DIEGO	샌디아고	미국
SAT	SANANTINO	산안티노	미국
SAW	SABIHA GOKCEN	사비하	터키
SBA	SANTA BARBARA	산타바바라	미국
SCL	SANTIAGO	산티아고	칠레

도시코드	도시명	공항명	국가
SCW	SYKTYVKAR	식팁카르	러시아
SDA	BAGHDAD SADDAM	바그다드	이라크
SDJ	SENDAI	센다이	일본
SDN	SANDANE	샌다인	노르웨이
SEA	SEATTLE	시애틀	미국
SEL	SEOUL	서울	한국
SFO	SAN FRANCISCO	샌프란시스코	미국
SFS	SUBIC	슈빅	필리핀
SGF	SPRINGFIELD	스프링필드	미국
SGN	HOCHIMIN	호치민	베트남
SHA	HONGQIAO	홍차오	중국
SHB	NAKASHIBETSU	나카시베츠	일본
SHD	STAUNTON	스타운톤	미국
SHE	SHENYANG	심양	중국
SHJ	SHARJAH	샤자르	아랍에미리트
SHM	SHIRAHAMA	시라하마	일본
SHO	SHOKCHO	속초	한국
SIA	XI AN XIGUAN	시안	중국
SIN	SINGAPORE	싱가폴	싱가포르
SJC	SAN JOSE CAL	산호세	미국
SJW	SHIJIAZHUANG	쉬지아쭈앙(석가장)	중국
SKA	SPOKANE	스포캐인	미국
SKD	SAMARKAND	사마르간드	우즈베키스탄
SLC	SALT LAKE CITY	솔트레이크시티	미국
SMF	SACRAMENTO	사크라멘토	미국
SMX	SANTA MARIA	산타마리아	미국
SNK	SUNDUK	선덕	북한
SNN	SHANNON	샤논	아일랜드
SNP	ST PAUL ISLAND	세인트폴아이랜드	미국
SOF	SOPIA	소피아	불가리아
SOU	SOUTHAMPTON	사우샘프턴	영국
SPK	SAPPORO	삿보로	일본
SPL	SKIPOLE	스키폴	네덜란드
SPN	SAIPAN	사이판	미국
SPS	WICHITA	위치타	미국
SSN	SUNGNAM	성남(서울공항)	한국
STL	ST LOUIS	세인트루이스	미국

도시코드	도시명	공항명	국가
STN	STENSTED	스텐스테드	영국
STO	STOCKHOLM	스톡홀름	스웨덴
STP	ST PAUL MINN	세인트폴	미국
STR	SHUTTGARETTE	슈투트가르트	독일
SUB	SURABAYA	수라바야	인도네시아
SUU	TRAVIS	트라비스	미국
SUW	SUWAEN	수원	한국
SVO	SHEREMETYEVO	모스코바	러시아
SVX	EKATERINBURG	에카테린버그	러시아
SWA	SHANTOU	산토우	중국
SWF	NEWBURGH	뉴버그	미국
SWU	SUWON	수원	한국
SYA	SHEMA	쉠마	미국
SYD	SYDNEY	시드니	호주
SYO	SHONAI	쇼나이	일본
SYX	SANYA	산야	중국
SZB	SULTAN ABDUL AZIZ	술탄압둘아지즈	말레이시아
SZG	SAZBURG	찰스부르크	오스트리아
SZX	SHENZHEN	센젠	중국
TAE	DAEGU	대구	한국
TAK	TAKAMATSU	다가마스	일본
TAN	TAEAN	태안	한국
TAO	QINGDAO	청도	중국
TAS	TASHKENT	타쉬켄트	우즈베키스탄
TCM	McCHORD	맥코드공군기지	미국
TEB	TETERBORO	티터보로	미국
THR	TEHRAN	테헤란	이란
TIJ	TIJUANA	티주아나	멕시코
TIN	TAINAN	타이난	대만
TIP	TRIPOLI	트리폴리	리비아
TJH	TOYOKA	토요오카	일본
TJM	TIUMEN	티우멘	중국
TKK	TRUK	트럭	미국
TKS	TOKUSHIMA	도쿠시마	일본
TLC	TOLUCA	톨루카	멕시코
TLL	TALLINN	탈린	에스토니아
TLS	TOULOUSE	툴루즈	프랑스

도시코드	도시명	공항명	국가
TLV	TEL AVIV BLAGNAC	텔아비브	이스라엘
TNA	JINAN	지난	중국
TNN	TAINAN	타이난	대만
TOF	TOMSK	톰스크	러시아
TOJ	MADRID	마드리드	스페인
TOL	TOLEDO	톨레도	미국
TOY	TOYAMA	도야마	일본
TPE	TAIPEI	대북	대만
TRG	TAURANGA	타우란자	뉴질랜드
TSE	ASTANA	아스타나	카자흐스탄
TSN	TIAN JIN	천진	중국
TTJ	TOTTORI	토토리	일본
TTT	TAITUNG	타이둥	대만
TUL	TULSA	털사	미국
TUN	TUNIS	튀니즈	튀니지
TUS	TUCSON	툭슨	미국
TXG	TAICHUNG	타이쭝	대만
TXL	TEGEL(BERLIN)	테겔(베를린)	독일
TXN	TUNXI	퉁치	중국
TYN	TAIYUAN	타이유안	중국
TYO	TOKYO	동경	일본
UAB	INCIRLIK	인커릭	터어키
UAM	ANDERSON	앤더슨공군기지	미국
UBJ	UBE	우베	일본
UFA	UFA	우파	러시아
UKC	MAGADAN	페트로로파블로브스크	러시아
ULN	ULAAN BAATAR	울란바토르	몽고
ULY	ULYANDVSK	울야노브스크	러시아
UMO	OSTAFYEVO	오스타예보	러시아
UMW	KAUNAS	카우나스	러시아
URC	URUMQI	우르무치	중국
URT	SURAT TANN	수라트타니	태국
USN	ULSAN	울산	한국
USQ	USAK	우샤크	터키
UTP	UTAPAO	우타파오	태국
UUD	URANUTAE	울란우태	러시아
UUS	YUZHNO SAKHALINSK	사할린	러시아

도시코드	도시명	공항명	국가
VBS	BRESCIA	브레시아	이탈리아
VCE	VENICE	베니스	이탈리아
VCV	VICTORVILLE	빅터빌	미국
VCX	BRESCIA	브레시아	이탈리아
VIE	AUSTRIA VIENNA	비엔나	오스트리아
VIT	VICTORIA	빅토리아	스페인
VKO	MOSCOW(VNUKOVO)	모스코바(보누코보)	러시아
VLC	VALENCIA	발렌시아	스페인
VNY	VANNUYS	밴나이즈	미국
VPC	CATERSBILL	카터스빌	미국
VTE	VIENTIANE	빈탄	라오스
VVO	VLADIVOSTOK	블라디보스톡	러시아
WAS	WASHINGTON	워싱턴	미국
WAW	WARSAW	바르샤바	폴란드
WEH	WEIHAI	웨이하이	중국
WJU	WONJU	원주	한국
WKE	WEIKE	웨이크	미국
WKJ	WAKANAYI	와카나이	일본
WRO	WROCLAW	브로츠와프	폴란드
WUH	WUHAN	유한	중국
XCR	CHALONS	샤론스	프랑스
XFW	FINKENWEDER	함부르크	독일
XIY	XIANYANG	서안	중국
XMN	XIAMEN	샤먼	중국
XNA	FAYETTEVILLE	페이트빌	미국
XSP	SELETAR	셀레타	싱가포르
YCN	COCHRANE	코흐레인	캐나다
YEC	YEICHON	예천	한국
YEG	EDMONTON	에드먼튼	캐나다
YGJ	YONAGO	요나고	일본
YHZ	HALIFAX	헬리팍스	캐나다
YIP	DETROIT WILLOW RUN	윌로우런	미국
YKS	YAKUTSK	야쿠츠크	러시아
LGA	NEW YORK LA GUARDIA	뉴욕 라과디아	미국
LGB	LONG BEACH	롱비치	미국
LGG	LIEGE-BIERSET	리에쥬 비어셋	벨기에
LGK	LANGKAWL	랑카위	말레이시아

도시코드	도시명	공항명	국가
LGW	LONDON GATWICK	런던개트윅	영국
LHE	LAHORE	라호르	파키스탄
LHR	LONDON HEATHROW	런던히드로	영국
LIH	LIHUE	리후에	미국
LIS	LISBON	리스본	포르투갈
LIT	LITTLAC	리틀락	미국
LKO	LUCKNOW	루크노	인도
LLA	LULEA	룰레오	스웨덴
LLU	LAPULAPU	나푸나푸	필리핀
LON	LONDON	런던	영국
LOS	LAGOS	라고스	나이지리아
LTN	LUTON	런던 루턴	영국
LTS	ALTUS	오클라호마	미국
LUG	LUGANO	루가노	스위스
LUK	CINCINNATI	신시내티	미국
LUT	LUTON	루톤	미국
LUX	LUXEMBOURG	룩셈부르크	룩셈부르크
LYG	LAYONG	라용	중국
MAA	MADRAS	마드라스	인도
MAD	MADRID BARAJAS	마드리드	스페인
MAJ	MAJURO	마주로	마셜제도
MAN	MANCHESTER	맨체스터	영국
MBB	MEBANBECE	메반베스	호주
MBC	MANADO	마나도	인도네시아
MBE	MATHMOTO	마쯔모도	일본
MCI	KANSAS	켄사스	미국
MCO	ORLANDO	올란도	미국
MCT	MUSCAT	무스카트	오만
MCX	MAKHACHKALA	마하츠칼라	러시아
MDC	MANADO	마나도	인도네시아
MDG	MUDAN JIANG	무단지앙	중국
MDT	MASBATE	메스베이트	필리핀
MDW	SHICAGO MIDWAY	미드웨이	미국
MDY	MIDWAY	미드웨이나프	미국
MEB	MELBOURNE ESSENDON	멜보른	호주
MEL	MELBOURNE	멜보른	호주
MEM	MEMPHIS	멤피스	미국

도시코드	도시명	공항명	국가
MES	MEDAN POLONIA	폴로니아	인도네시아
MEX	MEXICO	멕시코	멕시코
MFM	MACAU	마카오	마카오
MGF	MARINGA-IN-PARANA	마링가	브라질
MGM	MONTGOMERY DANNELLY	몽고메리다넬리	미국
MGQ	MOGADISHU	모가디슈	소말리아
MHD	MASHAD	마슈하드	이란
MHR	SACRAMENTO	사크라멘토	미국
MIA	MIAMI	마이애미	미국
MIC	MICRONESIA	마이크로네시아	미국
MIL	MILANO	밀라노	이탈리아
MKC	KANSAS CITY	캔사스시티	미국
MKE	MILWACKEE	밀워키	미국
MLA	MALTA	몰타	몰타공화국
MLE	MALE	말레	몰디브공화국
MMA	MALMO	말모	스웨덴
MMB	MEMAMBETSU	메만베츠	일본
MMJ	MATSUMOTO	마쓰모또	일본
MMK	MURMANSK	물만스크	러시아
MMU	MORRISTOWN MUNICPAN	모리스타운	미국
MMX	MALMO	말모	스웨덴
MNL	MANILA	마닐라	필리핀
MNS	MANAS	마나스	러시아
MOK	MOKPO	목포	한국
MOW	MOSCOW	모스코바	러시아
MPK	MOKPO	목포	한국
MQF	Magnitogorsk	마크니토코르스크	러시아
MRG	Mareeba	마리바	호수
MRS	MARSEILLE PROVENCE	마르세이유-프로방스	프랑스
MRY	MONTEREY	몬테레이	미국
MSJ	MISAWA	미자와	일본
MSP	MINNEAPOLIS/ST.PAUL	미네아폴리스	미국
MSQ	MINSK	민스크	러시아
MSY	NEW ORLEANS	뉴올리안스	미국
MTJ	MONTROSE	몬트로즈	미국
MUC	MUNCHEN	뮌헨	독일
MWX	MUAN	무안	한국

도시코드	도시명	공항명	국가
MXP	MILAN MALPENSA	밀라노	이탈리아
MYJ	MATSUYAMA	마즈야마	일본
MYP	MARY	마리	투르크메니스탄
MYY	MIRI	미리	말레이시아
MZG	MAKUNG	마쿵	대만
MZJ	MARANA	마라나	미국
NAK	NAKHON RATCHASIMA	나콘라차시마	태국
NAL	NALCHIK	날칙	러시아
NAN	NADI	나디	피지
NBK	SUVARNABHUMI	수완나품	태국
NBO	NAIROBI	나이로비	케냐
NCE	NICE	니스	프랑스
NGB	NINGBD	닝보	중국
NGF	KANEOHE BAY MCAF	카네오네	미국
NGO	NAGOYA	나고야	일본
NGS	NAGASAKI	나가사키	일본
NGU	NORFOLK	놀포크	미국
NHD	MINHAD AB Military	민하드(두바이)	아랍에미리트
NJA	ATSUKI	아수끼	일본
NJC	Nizhnevartovsk Airport	니쯔네바토브스크	러시아
NKG	NANJING	난징	중국
NKM	NAGOYA/KOMAKI	나고야/고마키	일본
NKW	DIEGO GARSIA	디에고 가르시아	미국
NMA	NAMANGAN	나망간	우즈베키스탄
NMG	NAMANGAN	나망간	우즈베키스탄
NNG	NANRING	난링	중국
NOM	NOME	노옴	미국
NOP	MCTAN	맥탄	필리핀
NOU	NOUMEA	누메아	뉴칼레도니아
NOZ	NOVOKUZNETSK	노보쿠즈네츠크	러시아
NRD	TOKYO	나리타	일본
NRT	TOKYO NARITA	동경	일본
NTQ	NODO	노도	일본
NUE	NUREMBERG	뉘른베르크	독일
NUW	WHIDBEY	휘드데이	미국
NVY	NEYVELI INDIA	뉴텔리	인도
NYC	NEWYORK	뉴욕	미국

도시코드	도시명	공항명	국가
NYL	YUMA MCAS	유마해병항공기	미국
NYO	SKAYSTA	스카브스타	스웨덴
NYU	MYANMAR BAGAN	바겐	미얀마
OAK	OAKLAND	오크랜드(미)	미국
OBO	OBIHIRO	오비히로	일본
OCK	OKLAHOMA	오크라호마	미국
ODM	ODM	오클랜드	뉴질랜드
OGG	KAHULUI	카울우이	미국
OHY	HADYBAD	하다아바드	인도
OIT	OITA	오이다	일본
OKA	OKINAWA	오끼나와	일본
OKD	SAPPORO-OKADAMA	삿보로	일본
OKI	OKI ISLAND	오키	일본
OKJ	OKAYAMA	오까야마	일본
OKO	YOKODA	요꼬다	일본
OMA	OHMA	오마하	미국
OME	NOME	놈	미국
OMS	OMSK	옴스크	러시아
ONJ	OTATE	오다테	일본
ONT	ONTARIO	온타리오	미국
ORD	CHICAGO O'HARE	시카고	미국
ORL	ORLANDO	올랜도	미국
ORY	ORLY	오를리	프랑스
OSA	OSAKA	오사카	일본
OSC	OSCODA	오스코다	미국
OSK	OSKARSHAMN	오스카	스웨덴
OSL	OSLO	오슬로	노르웨이
OSN	OSAN	오산	한국
OSS	OSH	오쉬	러시아
OTP	BUCURESTI	부쿠레슈티	루마니아
OVB	NOVOSIBIRSK	노보시비르스크	러시아
OZI	OZAR	오자르	인도
PAE	EVERETT	에버레트	미국
PAR	PARIS	파리	프랑스
PBH	PARO	파로	부탄
PBI	WESTPLMBEACH	웨스트팜비치	미국
PDX	PORTLAND	포틀랜드	미국

도시코드	도시명	공항명	국가
PEC	PELICAN	펠리칸	미국
PEE	PERM	페름	러시아
PEK	BEIGING	북경	중국
PEN	PENANG	페낭	말레이시아
PES	PETROSABOSK	페트로자보스크	러시아
PHC	PORT HARCOURT	포트하커트	나이지리아
PHI	SICAM	시캠	브라질
PHL	PHILADELPHIA	필라델피아	미국
PHX	PHOENIX	피닉스	미국
PIE	ST PETERSBURG	세인트 피터즈버그	미국
PIK	PRESTWICK	프레스트윅	영국
PKC	PETROPAVLOVSK	페트로파블로브스키	러시아
PKO	KONA	코나	미국
PMI	PALMA DE MALLORCA	팔마 라스팔마스	스페인
PNE	PHILADELPHIA	필라델피아	도미니카
PNH	PHNOM PENH	프롬펜	캄보디아
PNI	POHNPEI	폼페이	미크로네시아
POM	PORTMORESBY	포트모레스비	파푸아뉴기니
PPS	PUERTO PRINCESA	프에프토프린세사	필리핀
PPT	TAHITI	타히티	프랑스
PRG	PRAGUE	파라구에	체코
PSA	PISA	갈릴레오갈릴레이	이탈리아
PSP	PAM SPRINGS	팜스프링스	미국
DYR	ANADYR	아나드르	러시아
DYU	DUSHAMBE	듀산베	러시아
EDF	ELMENDORF	엘멘도르프	미국
EDI	EDINBURGH	에덴버그	영국
EIL	ELSIN	엘슨	미국
EIN	EINDHOVEN	에인트호벤	네덜란드
EMA	NOTTINGHAM EAST MID	노팅햄이스트미들랜드	영국
ESB	ANKARA ESENBOGA	터어키	터키
EVN	EREVAN	예레반	러시아
EWR	NEWYORK NEWARK	뉴왁	미국
FAB	FARNBOROUGH	판보로	영국
FAI	FAIRBANKS	페어뱅크스	미국
FCN	NORDHOLZ	노트홀즈	독일
FCO	ROME LEONARDO DA VIN	로마	이탈리아

도시코드	도시명	공항명	국가
FEG	FERGANA	페르가나	러시아
FJR	FUJAIRAH	푸자이라	아랍에미리트
FKB	KALSLUHE	칼스루헤	독일
FKJ	FUKUI	후꾸이	일본
FKS	FUKUSHIMA	후쿠시마	일본
FLL	FT. LAUDERDALE	포트로더데일	미국
FNI	NIMES	니메스	프랑스
FNJ	PYUNGYANG	평양	북한
FOC	FUZHOU	푸조우	중국
FRA	FRANKFURT	프랑크푸르트	독일
FRG	FARMINGDALE	파밍데일	미국
FRU	FRUNZE	마나스	러시아
FTM	FUTEMA	후테마	일본
FUK	FUKUOKA	후쿠오카	일본
GAJ	YAMAGATA	야마가타	일본
GDN	GBANSK POIANB	그다니스크	헝가리
GDX	MAGADAN	마가단	러시아
GIG	RIO DE JANEIRO	리오데자네이로	브라질
GML	HOSTOMEL	호스토멜	우크라이나
GMP	SEOUL(GIMPO)	김포	한국
GNB	GRENOBLE	그렌노블	프랑스
GOT	GOTEBORG	고테버그	스웨덴
GRR	GRAND RAPIDS	그랜드래피즈	미국
GRU	SAO PAULO	상파울로	브라질
GTF	GREATPOLS	그레이트폴스	미국
GUA	GUATEMALA CITY	과테말라시	과테말라
GUM	GUAM AGANA FIELD	괌	미국
GVA	GENEVA	제네바	스위스
GYD	AZERBAIJAN	아제르바이잔	아제르바이잔
GZR	KURMITOLA	쿠르미토라	방글라데시
HAJ	HANOVER	하노버	독일
HAK	HAIKOU	하이커우	중국
HAM	HAMBURG	함브르크	독일
HAN	HANOI	하노이	베트남
HEL	HELSINKI	헬싱키	핀란드
HET	HOHHOT	후허하오터	중국
HFE	HEPEI	허페	중국

도시코드	도시명	공항명	국가
HGH	HANGZHOU	항조우	중국
HGR	HAGERSTOWN	해거스타운	미국
HHA	HUANGHUA	후앙후아	중국
HHH	HILTON HEAD ISLAND	힐튼 헤드 아일랜드	미국
HHN	HAHN	한	독일
HIJ	HIROSHIMA	히로시마	일본
HIK	HAIKAM	히캄	미국
HIN	CHINJU	진주	한국
HIO	PORTLAND HILLSBORO	힐스보로	미국
HKD	HAKODATE	하꼬다데	일본
HKG	HONG KONG	홍콩	홍콩
HKJ	ASAHIGA	아사히까와	일본
HKT	PHUKET	푸켓	태국
HLP	JAKARRA HALIM	할림,자카르타	인도네시아
HMN	ALAMOGORDO	앨러머고도	미국
HNA	MORIOKA	모리오카	일본
HND	TOKYO HANEDA	하네다	일본
HNL	HONOLULU	호놀루루	미국
HON	HORON	호른	미국
HOU	HOUSTON	휴스톤	미국
HPN	WESTCHESTER COUNTY	웨스트체서	미국
HRB	HARBIN	하얼빈	중국
HSG	SAGA	사가	일본
HSV	HUNTSVILLE	헌츠빌	미국
HTA	CHITA	치타	러시아
HUI	HUI HUE	휴이휴	베트남
HUN	HUALIEN	화리엔	대만
HYD	HYDERABAD	하이데라바드	인도
IAB	MCCONNELL	미국	미국
IAD	D.C DULLES	워싱턴 둘리스	미국
IAH	HOUSTON	휴스턴	미국
IAI	KONA	코나	미국
ICN	INCHEON	인천	한국
ICT	WICHITA	위치콘	미국
IEV	KIEV	키에프	러시아
IFN	ISFAHAN	이스파한	이란
IGU	IGUASSU FALLS	이과수	브라질

도시코드	도시명	공항명	국가
IKN	IWAKUNI	이와쿠니	일본
IKT	IKT IRKUTSK	일크트스크	러시아
ILM	WILMINGTON	윌밍턴	미국
ILN	Wilmington	윌밍턴	미국
IND	INDIANAPOLIS	인디아나폴리스	미국
IQN	QINGYANG	퀸강장	중국
ISB	ISLAMABAD	이슬라마바드	파키스탄
IST	ISTANBUL	이스탄불	터키
ITM	ITAMI(NARITA)	이따미	일본
IWJ	IWAMI	이와미	일본
IZO	IZUMO	이즈모	일본
JAI	JAIPUR	자이푸르	인도
JAX	JACKSONVILLE	잭슨빌	미국
JDG	JEDONG	제동	한국
JED	JEDDAH	제다	사우디아라비아
JFK	JOHN F.KENNEDY	뉴욕	미국
JHB	JOHOR BAHRU	조호바루	말레이시아
JIB	JIBUTY	지부티	지부티
JKT	JAKARTA	자카르타	인도네시아
JMK	MIKONOS	미코노스	그리스
KAD	KADUNA	카두나	나이지리아
KAE	KANGWEON	강원	한국
KAG	KANG REUNG	강릉	한국
KBL	KABUL K. RAWWASH	카불 로워시	아프가니스탄
KBV	KRABI	끄라비	태국
KCH	KUCHING	쿠칭	말레이시아
KCZ	KOCHI	고찌	일본
KEF	ROYKJAVIK KEFLAVIK	케프라비크	아이슬랜드
KEJ	KEMEROVO	케메로보	러시아
KGF	KARAGANDA	카라간나	카자흐스탄
KHH	KAOHSIUNG	카오슝	대만
KHI	KARACHI	카라치	파키스탄
KHN	NANCHANG	난창	중국
KHV	HABAROBSK	하바로보스크	러시아
KIJ	NIIGATA	니이가타	일본
KIV	KISHINEV	키쉬네프	러시아
KIX	OSAKA KANSAI	오사카	일본

도시코드	도시명	공항명	국가
KJA	KRASNOJARSK	크라스노얄스크	러시아
KJG	KOCHANG	고창	한국
KKI	ST THOMAS ISLAND	SPB	미국
KKJ	KITA KYUSHU	키타큐슈	일본
KLD	MIGALOF	미갈로프	러시아
KLO	KALIBO	칼리보	필리핀
KMG	KUNMING	쿤밍	중국
KMI	MIYAZAKI	미와사키	일본
KMJ	KUMAMOTO	구마모도	일본
KMQ	KOMATSU	고마스	일본
KOA	KONA	코나	미국
KOJ	KAGOSHIMA	카고시마	일본
KOW	GANZHOU	광조우	중국
KPE	CHINHAE	진해	한국
KPO	POHANG	포항	한국
KRT	KHARTOUM	카툼	수단
KSG	PYUNGTAEK	평택	한국
KSK	SUSAK	수색	한국
KSM	SINCHONRI	성남	한국
KSW	SUWON	수원	한국
KTM	KATHMANDU	카투만두	네팔
KTP	HAEMI	해미(서산)	한국
KUA	KOOANTAN	쿠안탄	말레이시아
KUF	SAMARA	사마라	러시아
KUH	KUSHIRO	구시로	일본
KUL	KUALA LUMPUR	쿠알라룸푸르	말레이시아
KUN	KAUNAS	카우나스	러시아
KUV	KUNSAN	군산	한국
KWE	GUIYANG	구이양	중국
KWG	LOZUVATIKA	로조바트카	우크라이나
KWI	KUWAIT	쿠웨이트	쿠웨이트
KWJ	GWANGJU	광주	한국
KWL	GUILIN	계림	중국
KXK	KOMSOMSKNAMUR	콤솜스크나무르	러시아
KZA	KAZAKHSTAN	카자흐스탄	카자흐스탄
KZK	KOMPONG THORN	콤퐁	캄보디아
KZN	KAZAN	카잔	러시아

도시코드	도시명	공항명	국가
LAD	LUANDA	르완다	중앙아프리카
LAH	LABUHA	라부하	인도네시아
LAO	LAOAG	라오아그	필리핀
LAS	LAS VEGAS	라스베가스	미국
LAX	LOS ANGELES	로스앤젤레스	미국
LBG	LE BOURGET	파리 르부아르	프랑스
LBU	LABUAN	라부안	말레이시아
LBV	LIBREVILLE	리브르빌	가봉
LCA	LARNACA	라르나카	키프로스
LCK	LICENBEK	리켄백	미국
LED	LENINGRAD	레닌그라드	러시아
LEJ	LEIPJIG	라이프치히	독일

출처 : 한국공항공사(http://www.airport.co.kr/)

한국의 항공사

대형항공사	대한항공 www.kr.koreanair.com 아시아나항공 www.flyasiana.com
저비용항공사	에어부산 www.airbusan.com 에어서울 www.flyairseoul.com 이스타항공 www.eastarjet.com 제주항공 www.jejuair.net 진에어 www.jinair.com 티웨이항공 www.twayair.com
소형항공운송사업자	코리아 익스프레스에어 www.keair.co.kr 에어포항 www.airpohang.kr
화물항공사	대한항공 카고 www.cargo.koreanair.com 아시아나항공 카고 www.asianacargo.com 에어인천 www.air-incheon.com

중국의 항공사

천진항공	천진항공 http://www.tianjin-air.com
수도항공	수도항공 http://www.jdair.net
하이난항공	하이난항공 http://www.hnair.com
중국국제항공	중국국제항공 http://www.airchina.com.cn
산동항공	산동항공 http://www.sda.cn
중국동방항공	중국동방항공 http://www.ceair.com
춘추항공	춘추항공 https://www.ch.com
사천항공	사천항공 http://www.sichuanair.com
중국남방항공	중국남방항공 https://www.csair.com
심천항공	심천항공 http://www.shenzhenair.com
하문항공	하문항공 https://www.xiamenair.com
럭키항공	럭키항공 http://www.juneyaoair.com
오케이항공	오케이항공 http://bk.travelsky.com
중경항공	중경항공 http://www.chongqingairlines.cn
화하항공	화하항공 https://www.chinaexpressair.com
곤명항공	곤명항공 https://www.airkunming.com
서장항공	서장항공 http://www.tibetairlines.com.cn
중국연합항공	중국연합항공 http://www.flycua.com
하북항공	하북항공 http://www.hbhk.com.cn
대련항공	대련항공 http://www.dalianair-china.com
장용항공	장용항공 https://www.loongair.cn
행복항공	행복항공 http://www.joy-air.com
청도항공	청도항공 http://www.qdairlines.com
성도항공	성도항공 https://www.cdal.com.cn
구원항공	구원항공 http://www.9air.com
김봉항공	김봉항공 http://www.yzr.com.cn
상봉항공	상봉항공 http://www.luckyair.net
서부항공	서부항공 http://www.westair.cn
북부만항공	북부만항공 http://www.gxairlines.com
우루무치항공	우루무치항공 http://www.urumqi-air.com
복주항공	복주항공 http://www.fuzhou-air.cn
장안항공	장안항공 http://www.airchangan.com
강서항공	강서항공 http://www.airjiangxi.com
다채귀주항공	다채귀주항공 http://www.cgzair.com
계림항공	계림항공 http://www.airguilin.com
동해항공	동해항공 http://www.donghaiair.com
캐세이퍼시픽항공	캐세이퍼시픽항공 https://www.cathaypacific.com
홍콩항공	홍콩항공 https://www.hongkongairlines.com
홍콩익스프레스	홍콩익스프레스 https://www.hkexpress.com
에어마카오	에어마카오 http://www.airmacau.com.mo
중화항공	중화항공 http://www.china-airlines.com
에바항공	에바항공 https://www.evaair.com

일본의 항공사

일본항공그룹 항공사	일본항공 https://www.jal.com 류큐 에어 커뮤터 http://rac.churashima.net 일본 에어 커뮤터 http://www.jac.co.jp 일본 트랜스오션항공 http://www.jal.co.jp J-에어 http://www.jair.co.jp
전일본공수그룹 항공사	전일본공수 https://www.ana.co.jp ANA 윙스 http://www.anawings.co.jp 에어재팬 http://www.air-japan.co.jp
JAL(일본항공), ANA 이외의 일반항공사	솔라시드항공 https://www.solaseedair.jp 스타플라이어 https://www.sfj.kr 훗카이도 국제항공 https://www.airdo.jp 아이벡스항공 https://www.ibexair.co.jp 후지드림항공 https://www.fujidream.co.jp
저가항공사	스카이마크항공 http://www.skymark.co.jp 피치항공 https://www.flypeach.com 제트스타 재팬 https://www.jetstar.com 바닐라 에어 https://www.vanilla-air.com 에어아시아 재팬 https://www.airasia.com 일본춘추항공 https://www.ch.com
지역항공사	아마쿠사항공 https://www.amx.co.jp 오리엔탈 에어 브릿지 https://www.orc-air.co.jp 신츄오항공 https://www.central-air.co.jp 퍼스트항공 http://www.dai1air.com 훗카이도 에어시스템 http://www.hac-air.co.jp
기타항공 운송사업자	동방항공 http://www.tohoair.co.jp
화물항공사	일본화물항공 http://www.nca.aero

汉语拼音表(한어병음표)

운모 / 성모	a	o	e	i	u	ü	ai	ei	ao	ou	an	en	ang	eng	ong	er
				yi	wu	yu										
b	ba	bo		bi	bu		bai	bei	bao		ban	ben	bang	beng		
p	pa	po		pi	pu		pai	pei	pao	pou	pan	pen	pang	peng		
m	ma	mo		mi	mu		mai	mei	mao	mou	man	men	mang	meng		
f	fa	fo			fu			fei		fou	fan	fen	fang	feng		
d	da		de	di	du		dai	dei	dao	dou	dan	den	dang	deng	dong	
t	ta		te	ti	tu		tai		tao	tou	tan		tang	teng	tong	
n	na		ne	ni	nu	nü	nai	nei	nao	nou	nan	nen	nang	neng	nong	
l	la		le	li	lu	lü	lai	lei	lao	lou	lan		lang	leng	long	
g	ga		ge		gu		gai	gei	gao	gou	gan	gen	gang	geng	gong	
k	ka		ke		ku		kai	kei	kao	kou	kan	ken	kang	keng	kong	
h	ha		he		hu		hai	hei	hao	hou	han	hen	hang	heng	hong	
j				ji		ju										
q				qi		qu										
x				xi		xu										
zh	zha		zhe	zhi	zhu		zhai	zhei	zhao	zhou	zhan	zhen	zhang	zheng	zhong	
ch	cha		che	chi	chu		chai		chao	chou	chan	chen	chang	cheng	chong	
sh	sha		she	shi	shu		shai	shei	shao	shou	shan	shen	shang	sheng		
r			re	ri	ru				rao	rou	ran	ren	rang	reng	rong	
z	za		ze	zi	zu		zai	zei	zao	zou	zan	zen	zang	zeng	zong	
c	ca		ce	ci	cu		cai		cao	cou	can	cen	cang	ceng	cong	
s	sa		se	si	su		sai		sao	sou	san	sen	sang	seng	song	

운모 / 성모	ia	ie	iao	iou [iu]	ian	in	iang	ing	iong	ua	uo	uai	uei [ui]	uan	uen [un]	uang	ueng	üe	üan	ün
	ya	ye	yao	you	yan	yin	yang	ying	yong	wa	wo	wai	wei	wan	wen	wang	weng	yue	yuan	yun
b		bie	biao		bian	bin		bing												
P		pie	piao		pian	pin		ping												
m		mie	miao	miu	mian	min		ming												
f																				
d		die	diao	diu	dian			ding			duo		dui	duan	dun					
t		tie	tiao		tian			ting			tuo		tui	tuan	tun					
n		nie	niao	niu	nian	nin	niang	ning			nuo			nuan				nüe		
l	lia	lie	liao	liu	lian	lin	liang	ling			luo			luan	lun			lüe		
g										gua	guo	guai	gui	guan	gun	guang				
k										kua	kuo	kuai	kui	kuan	kun	kuang				
h										hua	huo	huai	hui	huan	hun	huang				
j	jia	jie	jiao	jiu	jian	jin	jiang	jing	jiong									jue	juan	jun
q	qia	qie	qiao	qiu	qian	qin	qiang	qing	qiong									que	quan	qun
x	xia	xie	xiao	xiu	xian	xin	xiang	xing	xiong									xue	xuan	xun
zh										zhua	zhuo	zhuai	zhui	zhuan	zhun	zhuang				
ch										chua	chuo	chuai	chui	chuan	chun	chuang				
sh										shua	shuo	shuai	shui	shuan	shun	shuang				
r										rua	ruo		rui	ruan	run					
z											zuo		zui	zuan	zun					
c											cuo		cui	cuan	cun					
s											suo		sui	suan	sun					

항공서비스
실무중국어